巴夫洛夫的狗

巴夫洛夫的狗
50 個改變歷史的心理學實驗

作　　者：亞當‧哈特－戴維斯
翻　　譯：賈可笛
主　　編：黃正綱
資深編輯：魏靖儀
文字編輯：許舒涵、蔡中凡、王湘俐
美術編輯：吳立新
行政編輯：秦郁涵

發 行 人：熊曉鴿
總 編 輯：李永適
印務經理：蔡佩欣
美術主任：吳思融
發行副理：吳坤霖
圖書企畫：張育騰

出 版 者：大石國際文化有限公司
地　　址：新北市汐止區新台五路一段 97 號
　　　　　14 樓之 10
電　　話：(02) 2697-1600
傳　　真：(02) 8797-1736
印　　刷：博創印藝文化事業有限公司

2023 年（民 112）9 月初版十刷
定價：新臺幣 380 元／港幣 127 元
本書正體中文版由
Elwin Street Productions Limited 授權
大石國際文化有限公司出版
版權所有，翻印必究
ISBN：978-986-94596-9-3（平裝）

總代理：大和書報圖書股份有限公司
地　　址：新北市新莊區五工五路 2 號
電　　話：(02) 8990-2588
傳　　真：(02) 2299-7900

國家圖書館出版品預行編目（CIP）資料

巴夫洛夫的狗　50 個改變歷史的心理學實驗
亞當‧哈特－戴維斯 (Adam Hart-Davis) 著；賈
可笛 翻譯 .-- 初版 .-- 新北市：大石國際文化，
民 106.6　　176 頁；15.2×21 公分
譯自：Pavlov's dog : groundbreaking experiments
in psychology
ISBN 978-986-94596-9-3（平裝）
1. 實驗心理學

171　　　　　　　　　　　　　　106006478

巴夫洛夫的狗

50個改變歷史的心理學實驗

亞當・哈特－戴維斯（Adam Hart-Davis）／著

賈可笛／譯

Boulder Media 大石文化

目錄

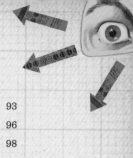

前言

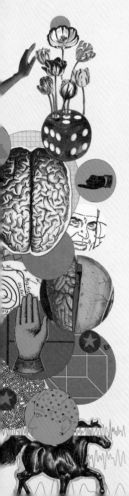

　　人類真的有機會了解人心嗎？不是不可能，但需要克服許多難題；這或許也是心理學在眾多科學之中這麼晚才出現的原因。千百年前，就已經有化學家和物理學家——當時叫做「自然哲學家」（natural philosophers）；但一直到150年前，才出現了第一位自稱為心理學家的人。

　　當然，遠在此之前，人類早就已經在思考心智與行為的問題。古希臘時期，柏拉圖和亞里斯多德曾經在文章中探討過「psyche」的概念；這個字就是「心理學」（psychology）的由來，最初指生命或呼吸，後來引申為靈魂、精神之意。在希臘羅馬神話中，賽姬（Psyche）正是靈魂女神。現在，我們普遍使用心理學一詞，來涵蓋所有與人類心智相關面向的議題。

　　心智究竟是什麼？它到底是怎麼運作的，我們有沒有可能了解它？16世紀時，法國哲學家勒內·笛卡兒（René Des-cartes）認為，人類的肉體與大腦都只是機器，我們另外還需要心智，才能夠思考、感覺、選擇與決定。這種觀點稱為笛卡兒式的二元論（Cartesian dualism），幾乎遍及所有心理學領域。就連我們自己在年紀還很小的時候，也會感覺到心智彷彿是體內一個會思考、有意識的自我。然而我們學習到的知識愈多，這種看法也顯得愈不合理。心理學從最初就受這個問題所苦。

　　第一個自稱心理學家的人名叫威廉·馮特（Wilhelm Wundt）；他在1879年於德國萊比錫成立了心理學研究實驗室。威廉·馮特被視為實驗心理學之父——這是心理學的一個分支，注重觀察與實驗得到的結果多於理論。第一本心理

學教科書則是威廉‧詹姆士（William James）的鉅作《心理學原理》（The Principles of Psychology），於1890年問世。知名博物學者查爾斯‧達爾文（Charles Darwin）儘管不把自己視為心理學家，卻深深著迷於尋找能證明智慧存在的因素，而花費了40年光陰研究世人眼中微不足道的蚯蚓。跨入20世紀時，愛德華‧桑代克（Edward Thorndike）探索了動物的學習與推理能力。

20世紀初，行為主義崛起，這個心理學流派主張只探討可客觀觀察的對象，採用嚴謹的實驗方法，反對所有主觀的推論以及無法實際觀察的現象。回顧這段時期，心理學界曾出現許多違反道德倫理的事件，且不少研究仍充滿爭議；但同時也獲得了無數寶貴的經驗，更有像伊凡‧巴夫洛夫（Ivan Pavlov）這樣的學者，提出古典制約理論，大大拓展了心理學的範疇。

二次大戰後，尚‧皮亞傑（Jean Piaget）在兒童認知發展領域取得開創性的成果；利昂‧費斯汀格（Leon Festinger）建立了認知失調（cognitive dissonance）的概念；1960年代，史丹利‧米爾格蘭（Stanley Milgram）的服從研究受到舉世矚目；1970年代，唐納‧達頓（Donald G. Dutton）和亞瑟‧阿隆（Arthur P. Aron）則提出了性吸引力和恐懼之間是否存在關聯性的問題。心理學不斷成長茁壯，對我們日常生活中無數的領域產生影響。

接下來本書就要一一介紹上述這些以及其他多項偉大的實驗，帶領我們循著歷史的軌跡探究心理學的面貌，同時驅使我們更深入地了解自我。

第一部：研究的開端
1848-1919

在19世紀時心理學的概念尚未成形，但查爾斯·達爾文所做的開創性研究，引起了大眾對動物行為的好奇心，並啟發了對人類心理的探究。威廉·詹姆斯（William James）的著作《心理學原理》（The Principles of Psychology）於1890年出版後，這股趨勢有增無減，相關研究蓬勃發展，最終拓展成為一門全新的學科。

　　隨後數十年，愛德華・桑代克透過實驗探討動物是否
具有學習能力；伊凡・巴夫洛夫證實了反射反應可經由訓
練和制約引發，並以此獲得諾貝爾獎。上述的例子以及這
個時期的其他研究指出了新的研究方向，為後續的知覺、
行為與思想領域的相關實驗奠定了基礎。

1881年

學者：
查爾斯・達爾文（Charles Darwin）

學科領域：
動物行為

結論：
行為顯示蚯蚓具備基本的智能。

蚯蚓有智慧嗎？

達爾文探究蚯蚓的智慧

蚯蚓沒有耳朵也沒有眼睛，牠要怎麼根據周圍環境來行動，是透過學習還是本能？

卓越的博物學家查爾斯・達爾文研究過各種類型的動物，從巨大的陸龜到細小的藤壺無所不包。他因為舅舅約書亞・威治伍德（Josiah Wedgwood）二世的鼓勵，在1837年第一次觀察蚯蚓，從此就一直在肯特郡（Kent）唐恩宅邸（Down House）的自家花園裡觀察蚯蚓的行為，持續40年。他將這些觀察結果詳細地記錄在他1882年去世前的最後一本著作：《腐植土的產生與蚯蚓的作用》（The Formation of Vegetable Mold Through the Action of Worms）中。他說這是一本「不大重要的小書」，但出版後短短幾週就賣出了好幾千本。

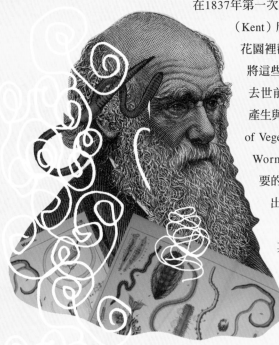

蚯蚓把土壤帶到土表，埋住其他東西，所以石頭才會沉到地面下，這一點讓他非常著迷。他在自己的花園裡放了一塊「蚯蚓石」，到今天都還在。他也曾搭火車到巨石陣（Stonehenge），畫圖說明有一

些倒下的巨石已沉入地底下10到25公分深。

家庭生活

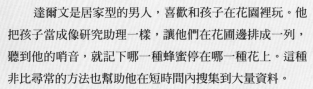

達爾文是居家型的男人，喜歡和孩子在花園裡玩。他把孩子當成像研究助理一樣，讓他們在花圃邊排成一列，聽到他的哨音，就記下哪一種蜂蜜停在哪一種花上。這種非比尋常的方法也幫助他在短時間內搜集到大量資料。

他也徵召孩子來幫忙研究蚯蚓。他把若干蚯蚓養在花盆裡，要孩子想辦法刺激牠們；孩子嘗試用光來照，但蚯蚓沒有眼睛，起初毫無反應，直到把亮度加到極亮，而且照在尾端的時候才有反應。

他們還對蚯蚓吹哨子、大叫、吹奏巴松管、彈鋼琴，蚯蚓一點也不感興趣。但是如果把蚯蚓放到鋼琴上，琴鍵一按牠就馬上有反應，想必蚯蚓即使聽不見音符，還是能感受到透過樂器傳來的震動。

本能還是智能？

然而最讓達爾文震驚的是，蚯蚓表現出明顯的智能。生活在戶外的蚯蚓有把樹葉拉到洞口的習性。

> 蚯蚓抓取葉子和其他東西除了是當作食物，也是為了拿來堵住洞口；這是蚯蚓最強的本能之一……我看過一個洞口伸出了多達17根鐵線蓮的葉柄，另外一個洞口有10根。很多地方都能見到數以百計像這樣被堵住的洞穴，特別是在秋天和初冬那幾個月。

達爾文最驚訝的是，蚯蚓幾乎總是咬著葉尖把葉片拉進洞——既然蚯蚓沒有眼睛，怎麼找得到葉尖。他這樣推想，如果蚯蚓是完全依靠本能或隨機行事，那麼拉動葉片的位置也應該是隨機的，否則的話就一定是運用智能了。

他總共從蚯蚓洞裡拉出227片枯葉，發現其中181片（80%）是從葉尖、20片是從葉基、26片是從中間拉進洞穴的。

他和兒子法蘭西斯（Francis Darwin）把一些葉子的葉尖剪掉，之後發現蚯蚓對於這些葉子，大部分都改從葉柄的地方拉。他們也用其他樹葉和松針做了各種實驗，推斷蚯蚓似乎總是選擇最容易的方法。

為了進一步驗證他的理論，達爾文設計了對照實驗，把硬質信紙剪成形狀類似樹葉的窄長三角形，然後用鑷子把這些三角形紙片拉進一條細管子裡，若夾的地方是紙片的尖端、也就是最小的那個角，一下子就能拉進管子裡，而且兩側會捲起來，形成一個小巧的圓錐體；而要是夾著遠離頂端的點，就比較難拉動，而且會有更大面積在管子裡往後翻。

接著他們把這些三角紙片塗上油，以防遇到露水而分解，再灑在草坪上。經過幾個晚上的觀察，達爾文發現蚯蚓拉進的三角形紙片中，有62%是從尖端拉，如果只算較窄長的紙片，比例還更高。

達爾文和他的孩子做了上百個這樣的實驗，得到一個明確的結論：

> 考慮這幾個案例，我們實在不能迴避這個結論，那就是蚯蚓在堵住洞穴的行為中展現了某種程度的智能。

你能過
上下顛倒的生活嗎？

大腦如何解讀我們看見的東西

　　你看著某一樣東西時，它的影像會以上下顛倒的模樣投射在你的視網膜上（就像被攝物投射在相機的感光元件或底片上一樣）。19世紀後期的主流科學理論認為，我們想必是要透過這種方式，才能「看見」物體的正確影像。然而，加州大學柏克萊分校的教授喬治・斯特拉頓，對當時的主張提出質疑；他想知道，我們是否能夠在整體視野上下顛倒的情況下，過著正常的生活。於是他打造了一副迷你雙筒望遠鏡，能讓看見的東西全都變成上下顛倒；也就是說，投射在他視網膜上的會是正常方向的影像——按照他的說法，也就是「直立」的方向。

1896年

學者：
喬治・斯特拉頓（George Stratton）

學科領域：
知覺

結論：
在「所見非所得」的情況下，人腦有知覺適應（perceptual adaptation）的能力，使我們能夠繼續正常生活。

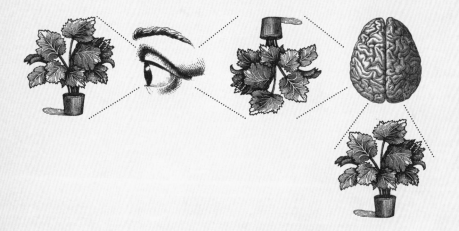

下圖：你看見的物體會在視網膜上形成上下顛倒的影像，再由大腦把影像轉回正常的方向。

顛倒世界

　　他把兩片折射率相同的凸透鏡裝進一支筒子，使兩片鏡子間的距離等於焦距的長度總和。透過筒身，可以看見上下顛倒的影像。斯特拉頓把兩支筒身結合在一起，製成可用雙眼同時觀看的雙筒鏡，再把這個怪裝置綁在頭上固定，並使用黑布和墊片包住邊緣的縫隙，徹底阻隔其他光源。持續戴了十個小時以後，他先閉上眼，才把鏡筒拿下來，再戴上眼罩，讓自己完全看不見東西。當晚，他就在全黑之中過夜。

　　隔天他重複這套過程，全天戴著裝置，小心不讓雙眼在沒有透過鏡筒的情況下看見東西。這個裝置能夠提供清晰的視野，戴起來也不會不舒服。他原本希望可以同時使用兩隻眼睛，但同時接收兩邊的影像太過困難，最後他用黑紙把左側鏡筒末端蓋住，只用右眼來看。

　　剛開始，一切看起來都是上下顛倒的。整個房間都反了過來，他把手從下面舉起來進入視野，看見的手卻是從上面伸進來的。雖然影像很清楚，但起初帶有一種不真實感，和我們一般在正常情況下看東西的感覺不太一樣，彷彿是「錯置的、虛假的影像，甚至是幻覺」。斯特拉頓觀察到，他對正常視覺的記憶，似乎持續扮演「判斷現實與虛構的標準」的角色，影響他的大腦對於眼前事物的理解。

記憶還是現實

　　斯特拉頓試圖戴著裝置移動時，起初經常跌跌撞撞、舉步維艱。就像人在黑暗中走動一樣，他得靠著記憶或是

觸覺的輔助才能行走，或是完成手部的動作。

斯特拉頓總結自己遇到的問題，發現似乎全然來自過去經驗對這種變化的抗拒；因此他推論，如果有人一生下來，視野就是上下顛倒的（或至少持續這樣的方式一段夠長的時間），他們就不會覺得這樣不正常。於是，斯特拉頓繼續實驗了好幾天。到了第七天，他對上下顛倒的世界開始感到前所未有的自在，表示自己的「視野環境已經具備徹底的真實感」。

適應新視野

儘管斯特拉頓已經適應了顛倒世界的真實感，但在這種環境中維持正常生活的困難度，依然令他感到驚詫。即使他學會了如何往「錯誤」的方向移動，但他還是發現到自己對深度和距離的知覺是有缺陷的：「我的手常常伸過頭，或是不夠遠……。」想和朋友握手時手會舉太高；想把紙上的污點抹掉時手伸得不夠長。而且他也注意到，在做動作的時候盯著手，還是比不上閉著眼睛、靠觸覺和記憶去引導來得精確。

無論如何，他終究是逐漸習慣了上下顛倒的生活，有一天晚上出門散步時，他終於能夠好好欣賞眼前美麗的夜景，這是實驗開始以來的頭一遭。

斯特拉頓得到的結論是，影像進入視網膜的方式是無關緊要的。你的大腦有調適能力，能讓視覺和你的觸覺與空間覺察（spatial awareness）取得一致性，這種能力後來稱為「知覺適應」。

上圖：這種上下顛倒的影像可能看來令人困惑，但大腦依然能辨識出這是夏日傍晚的夕照景色。

1898年

學者：
愛德華・桑代克（Edward
Thorndike）
學科領域：
動物行為
結論：
沒有證據顯示動物是靠推理
或記憶來學習。

你的貓
有多聰明？

桑代克的迷籠實驗

　　愛德華・桑代克在23歲時完成了最早的行為研究著
作之一，成為後世其他學者的研究基礎（其中最著名的是
B. F.史金納，參閱第37頁）。他把一隻飢餓的貓放進籠子
裡，再把食物放在籠子外面貓能看見的地方。這隻貓必須
操作籠子上的一個裝置，才能離開籠子取得食物。桑代克
總共製作了15個這樣的籠子，編號為A到O。A籠的設計是
最簡單的，貓只要按一下壓桿就可以打開籠子。而其他的
籠子，有的需要拉動拉環才能打開，更複雜的則需要完成
一系列動作，比如按下壓桿、拉動拉環，再拉下橫槓。

　　桑代克用幾隻不同的貓重複相同的實驗，把牠一再放
回同一個籠子裡，記錄每隻貓每次花費多久時間逃脫。他
觀察到，這些貓一開始通常只想「從任何有開口的地方硬
擠出去」，或者想要抓開或是咬開一條路來脫離籠子。他
也發現牠們對籠子外的食物興趣並不大，似乎只是「出於
本能地奮力逃離任何受困的環境」。

　　然而，當貓再次被放進同一個籠子以後，牠的逃脫效
率就提高了；「漸漸地……經過多次嘗試之後，當貓再被
放進籠子，牠會馬上伸手去按按鍵或拉拉環，動作非常明
確。」在最簡單的籠子裡，有一隻貓第一次逃脫花了160
秒，但經過24次嘗試之後，在6秒內就能逃脫。桑代克把
貓逃脫所花的時間和試驗次數畫成圖表，結果顯示，不僅
逃脫的速度普遍變快，而且在愈複雜的籠子裡，貓的反應

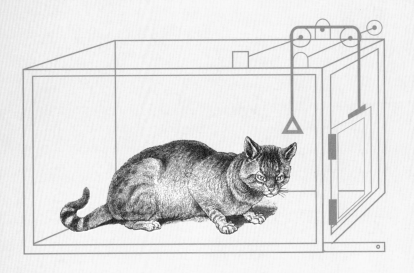

上圖：貓必須把懸吊在頭上的繩子拉下來，才能從籠子裡逃脫。

也愈難以預料，需要更多時間才能學會如何逃離。

他也發現，貓會記住牠學到的經驗。學會用爪子從A籠逃脫的貓，被放進其他籠子時「會更傾向於用爪子去抓東西」，也比較不會試圖從洞口擠出來。

貓有推理能力嗎？

19世紀時，很多人認為高等動物（如貓）能夠透過概念的聯結（association）來學習，因為有很多趣聞都顯示動物能做出看似聰明的舉動，而認為這個論點可信。對此桑代克相當存疑：「成千上萬隻貓在成千上萬的情況下，都只會楞在原地無助地喵喵叫，卻沒有人把這一點納入考量……而當一隻貓用爪子拉下門把，看來好像是為了開門出去的時候，每一本書都會把牠寫成貓心智的代表。」

桑代克還讓一隻貓觀察另一隻從籠子逃脫的過程，以研究貓是否能透過模仿來學習。然而旁觀過後的貓被放進

籠子裡，牠的表現並沒有變化，依然要經歷漸進式的試誤學習過程。

桑代克的結論是，沒有證據顯示動物能透過推理來學習。貓在迷籠中的行為根本稱不上理性——「只是為了逃出去隨便亂抓一通」。即使逃脫以後，動物似乎也不記得成功的竅門在哪裡，在下一次試驗時依然會花時間重複嘗試其他無用的方式。此外，某一隻貓學會靠拉環逃脫籠子之後，下次就算拉環被拿掉了，牠還是會繼續對著原本有拉環的地方空抓。根據桑代克的記錄，就算他伸手進籠子裡，握住貓掌放到拉環上往下拉，貓還是學不會這個動作；下一次進籠時牠還是毫無頭緒。

狗與雞的試驗

這位年輕科學家也進行了狗的迷籠實驗和雞的圍欄實驗。雞一般需要踏上平臺、拉繩子或啄釘子來逃脫，但在最複雜的圍欄中，牠得爬上螺旋階梯，擠過一個洞，走過一架水平的梯子，最後從臺子邊緣跳下來。和貓試驗的情況相似，狗和雞在經過練習後都會進步，但雞學習的速度比狗和貓慢。

桑代克在論文中寫道：「未來要是能有更聰明、更有技巧的實驗者，對這個粗淺的初步實驗加以改良，一定能得到非常珍貴的結果。」確實如此，桑代克的實驗，為行為心理學這門新的科學奠定了基礎。

巴夫洛夫
真的搖鈴了嗎？

習得反應與古典制約

1901年

學者：
伊凡・巴夫洛夫（Ivan Pavlov）

學科領域：
動物行為

結論：
制約可以讓中性刺激引起強烈的反應。

從1890年代末到1900年代初，俄國生理學家伊凡・巴夫洛夫消化系統研究領域首屈一指的學者。他常用狗作為實驗對象，觀察到很多現象，其中他注意到，當穿著白袍的助手送食物過去時，動物就會開始分泌唾液、流口水。

經過多年研究，巴夫洛夫知道當食物或外物進入口中，身體會自然而然分泌唾液，這是一種反射作用（即因外界刺激所引起的一種非自願的、往往是立即性的反應），能夠促進消化、幫助稀釋或排出身體不想要的物質。

他稱這種反應為「心理性分泌」（psychic secretion），並寫道：「〔把食物和食物容器〕放在離狗一段距離的地方，即使受到影響的只有嗅覺與視覺受器，依然能夠觸發相似的反射性分泌；甚至僅是餵食容器本身，就足以引起完整的消化道反射。」

然而他也觀察到，每當助手走進來，不論有沒有帶食物，狗都會很快開始分泌唾液：「甚至只要看到拿了狗碗的人，或是聽到他的腳步聲，都可能引起唾液分泌。」巴夫洛夫推論，狗學會把助手（或者只是他的白袍）與食物的到來產生聯結，所以只要看見他出現就會產生期待，而開始分泌唾液。

巴夫洛夫想知道用其他與食物毫無關連的訊號，是否也能使狗產生相同的唾液反應，於是設計在每次送食物進來之前，都先開啟節拍器，讓它滴答、滴答地響。不出幾

天，只要打開節拍器，狗就會開始分泌唾液，即使沒有看
到食物也一樣。他詳細記錄了一次實驗：

> 「不施予特定刺激的情況下，唾腺都維持在不活躍的
> 狀態。但當節拍器的聲音響起，9秒之內唾液就會開
> 始分泌，45秒後共分泌了11滴。也就是說，唾腺的活
> 動會被聲音這種和食物本身完全無關的刺激引發⋯⋯
> 節拍器的聲響代表食物的訊號，動物對這個訊號的反
> 應方式，與牠們對食物的反應方式是完全一樣的；讓
> 牠們聽見節拍器的聲音，和實際讓牠們看見食物，在
> 動物身上引起的效果，觀察不到任何差異。」

　　他也試用了其他刺激，如電鈴的聲音、香草精的味
道，很可能也用過手搖鈴（但他的一位同事堅稱，巴夫洛
夫從未用過手搖鈴），甚至還試過用電擊當作刺激。每一
次，都必須在食物出現前幾秒鐘內施予潛在刺激；如果刺

激在食物之後才出現，即使只差一秒鐘，也無法產生效
果。

自然反射與制約反射

　　巴夫洛夫指出，每一隻狗從出生開始，就會因「食
物」這項刺激而產生唾液反射；這是自然反射，或稱非制
約反射（unconditioned　reflex）。至於因節拍器聲響而產
生的唾液分泌反應，則稱為制約反應或制約反射。他拿自
己新裝設的電話來類比：

> 我可以在住所裝私人專線，直接和實驗室連接……或
> 者也可以透過電話公司的中央交換機來通話。這兩種
> 方式得到的結果是一樣的；這兩種方法之間唯一的差
> 異，在於私人專線能提供永久、便捷的線路，而後者
> 則需要先連上中央交換機的線路……這與反射反應的
> 情況很像。

高層次制約

　　狗開始對制約刺激產生反應以後，可以加入更高層
次的制約刺激。先設定讓節拍器在食物出現前發出聲響，
重複幾次，直到狗開始對這種聲音出現唾液分泌反應。接
著，在節拍器開啟時，讓鈴聲同時響起。這麼一來，狗不
但會因為節拍器的聲音而分泌唾液，也會把鈴聲和食物聯
結起來。之後只需要搖鈴就能使狗分泌唾液，儘管鈴聲本
身根本就不曾用來作為食物出現的訊號。

　　這整段過程稱為「古典制約」（classical condition-
ing），是無數行為與學習領域後續研究的基石，包括飽受
爭議的小艾伯特實驗（見第28頁）。

1910年

學者：
瑪麗·雀芙絲·韋斯特·派基
（Mary Cheves West Perky）

學科領域：
認知與知覺

結論：
我們在要求之下進行想像時，大腦很難把心像與實際的知覺區分開來。

你以為番茄是你的想像？

知覺、記憶與想像的比較

約1910年時，美國心理學家瑪麗·雀芙絲·韋斯特·派基進行了一系列巧妙的實驗，探討我們想像力的運作方式。她首先準備比較真實影像與心像（mental image）的不同——或者，照她的說法，比較我們的知覺與想像中的影像的不同。

她要求受試者注視一面小型的毛玻璃屏幕，把目光固定在中心的白點上，同時想像一個有顏色的物件，比如一顆番茄或一根香蕉。然後用一架隱藏式投影機，透過放置在投影機和屏幕之間、呈番茄形狀的模板，把微弱到幾乎無法察覺的色光投射在螢幕上，形成非常淡的紅色番茄圖案。一開始先使用紗網來柔化模板的邊緣，形成較模糊的影像，並輕輕地將模板左右移動，使影像顯得飄忽不定。

之後逐漸拿掉紗網，使影像變得銳利（但依然非常微弱），同時請受試者說出他正在想像的是什麼畫面。紅色的番茄之後是藍色的書本、深黃色的香蕉、橘色的橘子、綠色的葉片和淡黃色的檸檬。

這套流程準備起來相當困難。當時的投影機很簡陋，使用不便，而且實驗中需要兩名助手來操作投影機，移動模板時須保持絕對安靜，又得和在外面陪伴受試者的實驗者隨時溝通。實驗過程中，偶爾會有地方出錯——模板掉了、光線照到螢幕之類，每當發生這些狀況，那一次的試驗就必須作廢。

現實還是想像？

　　24名受試者回答的想像畫面，都和實驗預期的答案相符；而且，他們全都是在螢幕上出現實際影像（當然只有研究者看得見）之後才說出來。

　　所有受試者都被問到，是否「確定這些畫面真的是自己想像出來的？」他們都對這個問題感到詫異，有的甚至忿忿不平，表示非常確定那些影像完全出於自己的想像。他們的回答包括：

- 這些都是我想像出來的；全都是想像。
- 這些是在我腦子裡捏造出來的。
- 香蕉的影像是最後才出現的，我一定是在想像它長出來的過程。

**派基的
實驗設置**

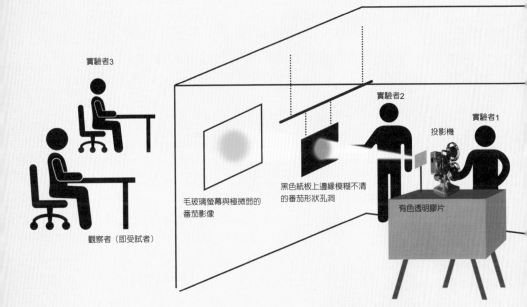

實驗者3

觀察者（即受試者）

毛玻璃螢幕與極微弱的
番茄影像

黑色紙板上邊緣模糊不清
的番茄形狀孔洞

實驗者2

投影機

實驗者1

有色透明膠片

事實上，很多受試者都表示他們一開始想到的香蕉是水平的，最後出現在腦中的畫面卻是直立的，這一點讓他們覺得有點意外，但並未產生懷疑。一名受試的研究生甚至還說得出額外的情境——他看見番茄畫在一個罐子上；書本是一本特定的書籍，他還看得見書名；檸檬是放在桌上的。

這項實驗的結果顯示，我們很難清楚區分知覺和想像，很難辨別什麼是真正看見的、什麼是想像出來的。這種現象被稱為「派基效應」（Perky Effect），至今仍未被推翻。

想像中的影像與記憶中的影像

在下一個實驗系列中，派基想要探討由想像創造出來的心像，與受到記憶影響的心像之間的區分。她發現，想要在心中生成和她私人有關的畫面時（比如她的臥室或住

家），她必須先到記憶中去尋找，思考時她的眼睛往往會到處轉動，彷彿在尋找那個物品一樣。然而，她要想像某個非關私人的畫面時（比如一棵樹或一艘船），就只能單憑想像，這時候就不會動眼。她的大腦似乎是以不同的運作方式來處理這兩項任務。

現在的心理學家可以使用雷射眼動追蹤裝置來驗證這個現象；但在1910年雷射都還沒發明出來，所以派基得想出其他的方式，來追蹤眼球運動的狀況。

派基要求受試者坐在黑暗的房間裡，想像某一件私人或非關私人的東西，並指示他們在想像的同時，眼睛注視面前牆壁上的一個亮點。牆上還有另外幾個亮點，落在他們的視野範圍之外。她總共進行了426次試驗，有212次受試者想像的是記憶中的畫面，其中90%的受試者表示看見其他的亮點——這代表他們的眼睛一定移動了。

而在另外214次出於想像的畫面中，68%的受試者沒有表現出眼動的現象；至於眼睛動了的人，有的是因為想到了奔跑中的動物，或是一眼望不完的遼闊景色。偶爾，受試者會在這些畫面中「看見自己」：「那艘船上有一個人，我想應該是我自己。」

派基也發現，在想像與聲音相關的畫面時，來自記憶的影像會引起喉部的動作，但純粹從想像而來的則否。另外，想到與嗅覺相關的畫面則會引起鼻孔的動作。

派基寫道：「記憶的心境是熟悉的、似曾相識的，本身就帶有愉悅的感受；而想像的心境是不熟悉的、新奇的。」她的結論是，記憶會伴隨眼球運動以及部分的身體運動，而想像需要穩定、專注，但身體不需要動作。同時，記憶的畫面不連貫、散亂模糊，也不會出現後像（after image）；而想像的畫面則鮮明完整，有時會有後像。

第二部：行為主義的挑戰
1920-1940

桑代克與巴夫洛夫的研究成果獲得廣泛注意之後，心理學家開始更有興趣研究人類以及其他動物的行為，陸續完成了各式各樣的重大實驗，造就了心理學的樣貌；但其中也有部分的實驗（如約翰·B.華生對嬰兒艾伯特進行的古典制約實驗），以現在的標準來看相當殘忍。B. F.史金納稱得上是名聲最響亮的行為心理學家，他設計了非常巧妙的實驗探討老鼠和鴿子的學習方式。在柏

林，「完形」（Gestalt）心理學家試圖了解人類如何在混亂的環境裡，創造出具有意義的知覺經驗；而在美國，科學家則進入工廠，尋求增進效率與生產力的方法──這也是商業心理學的開端。

1920年

學者：

約翰B.華生（John B. Watson）、羅莎莉・雷納（Rosalie Rayner）

學科領域：

行為

結論：

所有行為上的個體差異，都是因過去經歷了不同的學習和制約經驗所導致。

小艾伯特怎麼了？

探討古典制約在人類身上的效果

艾伯特B.（後來通稱為「小艾伯特」）是一個平靜、快樂、健康的孩子，九個月大時體重9.5公斤。因為母親的職業是保姆，他幾乎一輩子都待在母親工作的醫院裡。

1919年，心理學家約翰B.華生和他指導的研究生羅莎莉・雷納，想探討巴夫洛夫在狗身上發現的制約反應（見第19頁），能否應用在人類身上。華生假設嬰兒對巨響的恐懼就像狗分泌唾液一樣，是一種與生俱來的反射反應。因此他推論，應該可以運用古典制約理論，來引發人類對毫無關聯的物件產生恐懼反應。

華生和雷納選擇小艾伯特作為實驗對象。他們先拿一隻活的白老鼠給他看，然後是兔子、狗、猴子，和其他幾樣東西。小艾伯特似乎很想拿過去把玩，在這個階段沒有表現出任何恐懼反應，也沒有哭。

然後，他們在他背後用鐵鎚敲擊鐵棒，製造出驚人的巨響。實驗記錄是這麼寫的：

> *嬰兒受到很大的驚嚇；他摒住呼吸，手臂抬了起來，呈現出受驚的模樣。第二次刺激引起了相同的反應，除此之外嘴唇也噘了起來，開始顫抖。第三次刺激時，孩子一下子嚎啕大哭。這是本實驗室第一次以情緒性的刺激，成功引發艾伯特的恐懼甚至哭泣的反應。*

古典制約

　　接著他們著手試驗，如果把動物（更精確地說是白老鼠）放在小艾伯特面前，並同時敲擊鐵棒，是否能夠引發他對動物產生恐懼制約，然後進一步檢驗這種制約恐懼是否會轉移到其他動物身上。他們建立制約情緒反應的實驗過程如下：

　　1. 突然把白老鼠從籃子裡拿出來，放在小艾伯特面前。他伸出左手想觸摸老鼠。在他的手碰到老鼠的那一刻，立即在他身後敲擊鐵棒。他嚇了一大跳，身體向前撲倒，臉埋進床墊裡，但是並沒有哭。

　　2. 當他的右手觸碰到老鼠時，再度敲擊鐵棒。小嬰兒同樣又受到很大的驚嚇，向前趴倒，並開始嗚咽啜泣。

　　他們重複把老鼠放在他面前然後猛擊鐵棒的程序，三遍以後，小艾伯特只要看見老鼠，就開始抽噎。接著再實施兩次老鼠加巨響的程序，最後，只要把老鼠拿到小艾伯特面前，「他就會開始哭泣。幾乎是立即反應……他會以驚人的速度爬走，快到我們差點來不及在他爬到桌子邊緣之前把他抓住。」就這樣，對聲響的非制約反應，變成了對老鼠的制約反應。

類化反應

　　幾天後，小艾伯特除了還是怕老鼠之外，其他時候都很快樂、很愛笑。華生和雷納想知道，小艾伯特對老鼠的

恐懼，是否會讓他也害怕其他毛茸茸的動物，於是他們把兔子拿到他面前。他的反應是竭盡所能地往後傾，想要遠離那隻兔子，並嚎啕大哭起來。看見狗的反應比較沒有那麼激烈，但還是會哭泣；連棉花球也能令他不安。

研究者繼續用老鼠和狗對小艾伯特進行制約，每次這些動物靠近他，他們就敲響鐵棒。實驗過後一個月，小艾伯特還是會對老鼠和狗顯示出痛苦的反應，也還是會因為看見兔子而焦慮不安。

當時這項實驗飽受爭議，無論是實驗結論的效度（validity），還是道德上的考量，都受到嚴厲批評。毋庸置疑，這種實驗如今絕不可能獲得准許；當初實驗者是否曾經正式取得小艾伯特母親的同意都有疑慮。華生本人也對這個大膽實驗背後可議的道德問題寫下他的想法：「最初我們對於該不該嘗試這個實驗抱持很大的猶豫……採取這樣的手法要背負一定的責任。」但很快地，他找到了安慰自己的說法：「反正孩子一旦離開醫院育嬰室的安全環境回到家裡，面對各種亂七八糟的情況，馬上就會產生這一類的依附狀態。」

華生也在記錄中表示，他有意嘗試「去依附」（detachment）、「去敏感化」（desensitization）——也就是消除制約情緒反應，但還來不及進行，小艾伯特就被帶離了醫院。

沒有證據顯示小艾伯特的制約反應持續了多久（也沒有證據顯示後來還持續存在），因為直到近期才有人開始尋找他的下落。最可能的人選是一位名叫艾伯特·巴爾格的男子；但還沒有人來得及聯絡上他，這位艾伯特·巴爾格就在1987年過世了。

他的姪女說他一直都很討厭狗。

你會為未完成的事而煩惱嗎？

柴嘉尼效應

1927年

學者：
布魯瑪・柴嘉尼（Bluma Zeigarnik）
學科領域：
認知和記憶
結論：
相對於已完成的事，我們往往更容易記住（或者比較不容易忘記）未完成、也就是沒有「封閉性」的事。

　　布魯瑪・柴嘉尼是立陶宛心理學家，1920年代任職於柏林實驗心理學院。當時，庫爾特・勒溫教授觀察到，服務生在顧客尚未付帳時，會記得所有點單的客人；但在付清後沒多久，就會把他們忘得一乾二淨——這個現象引起了柴嘉尼的興趣。

　　於是柴嘉尼展開研究，她把22項簡單的任務交付給164名受試者，例如寫下L開頭的城市名稱、製作陶土模型，或者用紙板做出紙箱等等。其中半數的任務，柴嘉尼會在受試者尚未完成時打斷他們的動作。之後她發現，受試者記得68%未完成的任務，但對已完成的任務，卻只能回憶起43%。

　　有些受試者是在任務即將完成前被打斷，這些人記得的未完成任務比例高達90%。我們對未完成任務的記憶，比順利完成的那些更加清晰鮮明；另外，中斷的任務也會令我們產生亟欲將它完成的願望——這種現象後來稱為「柴嘉尼效應」（Zeigarnik effect），在日常生活中隨處可見。例如在考試後訪問200名學生，請他們回想考題，結果發現他們記得不會作答的題目比例，遠高於能夠正確作答的題目。

　　顯然，我們會為了未完成的事煩惱好幾天，其實只是因為它「沒有完成」而已。也因為這個緣故，電視連續劇或廣播劇的製作人往往要在每一集結尾時留下扣人心弦的懸念，讓觀眾念念不忘，直到下一集播出。

　　柴嘉尼效應也造成一種很有意思的結果：學習過程常

被無關事件（運動、社交等）打斷的學生，可能反而比從頭到尾毫不間斷讀書的學生記得更多的學習內容；或許只知工作不知玩樂，真的會把人變成毫無樂趣的工作狂。不過請注意，這個理論並不適用於那些什麼都還沒學到，就自動分心中斷工作的人。

被打斷的挫折感

1992年的一項研究顯示，在受試者進行任務中途打斷他們，也會影響他們對任務所需時間的判斷。受試者的任務是解開字謎，對象是十組由三個字母組成的變位詞：GBU、TEP、ARN、FGO、OLG、UNF、TAS、TOL、EAC、UNP。完成以後，再請受試者估計自己花了多少時間。他們的估計與真實時間的落差都在10%的範圍內。

接著，受試者的下一個任務是解開20組的三字母變位詞字謎：EDB、ANC、YDA、ODR、OTE、UME、ADL、XFO、DLI、XEA、PZI、AEG、ARO、BTI、SYE、NIF、GRA、FTI、DCO、ILE。

進行到一半時，實驗者就請他們估計自己目前花了多少時間；這一次，他們的估計比真實時間長了65%。然後讓受試者完成任務，再要求他們估計後半段花費的時間；他們的估計仍比真實時間長，多了35%。

受試者對第一段時間的估計數字會這麼高，似乎是因為被打斷令他們挫折，帶來一種失敗感，使他們以為自己的動作比實際慢。

完形的「封閉性」有幫助嗎？

柴嘉尼得到的結論是，我們對完成任務的需求是與生俱來的，就像完形心理學所說的「封閉性」（closure）理論。也就是說，一旦開始一項任務，我們就會覺得自己必須把它

完成。已完成的任務就是一個完整的形狀，讓我們可以不要再去想它。無法完成被交付的任務會造成張力，占據我們的思緒，直到一開始的需求被滿足為止。柴嘉尼寫道：

> 這種情況所造成的張力，其強度和持續性顯然隨個體間的差異而有所不同；但在同一個人身上表現出來的程度幾乎是不變的。強烈的需求、亟欲滿足這種需求的不耐，孩子氣的自然取向——這些情況愈多，未完成的任務相對於已完成的任務，在記憶中所占的優勢就愈大。

此外，在2013年出版的《信任，決定幸福的深度》（What Makes Love Last?）一書中，約翰·高特曼（John Gottman）表示，情人間的爭執，如果是以坦承或討論的方式來解決，最終造成的傷害將遠低於否認，或對不愉快的事件避而不談，因為這樣會讓痛苦的感受一直停留在短期記憶中，逐漸成為一種持續存在的危險刺激。人類似乎在生命中的許多面向上，都尋求「完成」、「整體」，也就是「封閉性」。

金錢萬能？

然而，密西西比大學在2006年所做的一項實驗卻顯示，金錢可以迅速削弱柴嘉尼效應。實驗者把一項需時五分鐘的任務交付給40名大學生，並宣稱將同步測量他們的「腦半球活動」。實驗者先為學生戴上假的記錄裝置（貼滿電子晶片和電線的塑膠頭盔，連接到一臺電腦上），然後讓他們獨自留在房間裡。有一半的學生被告知，參與這個實驗可以拿到一塊半美金的報酬；另一半學生則沒有任何報酬。在進行到預定時間的一半時，他們告訴這些學生，「腦半球活動」的記錄已經完成。預期能得到報酬的學生中，有42%的人直接放棄了任務，領取報酬離開現場；但自知不會獲得獎勵的學生中，只有14%的人未完成任務就離開。

1932年

學者：
弗雷德里克・巴特萊特
（Frederic Bartlett）

學科領域：
認知與記憶

結論：
「回憶」其實並不只是單純地想起靜態的事實，而是一種主動處理（active process）的歷程，與想像和思考的方式相似。

你會說故事嗎？

長期記憶的準確性

　　弗雷德里克・巴特萊特是劍橋大學的第一位實驗心理學教授。他針對記憶的運作展開長期研究，其中一部分的實驗目的是測試我們記住數字、照片和故事情節的能力。1920到1930年代期間，他要求受試者閱讀各種短篇故事，並用自己的方式重新述說；其中他最喜歡的故事之一是這則加拿大民間故事：

「鬼戰爭」

　　有一天晚上，兩個來自伊古拉克的年輕人沿著河流而下，打算去獵海豹。途中起了霧，周遭變得霧氣朦朧、風平浪靜。接著傳來打鬥的聲音。他們想，「大概有人在舉行戰爭派對。」兩人上了岸，躲在一根倒木後面。這時一艘艘獨木舟出現，划槳聲此起彼落，其中一艘直直地朝他們划過來，船上有五個人，對他們說：「怎麼樣？我們想帶你們一起走。我們要到上游去，和人開戰。」其中一個年輕人說：「我沒有弓箭。」獨木舟上的人回答：「船上有弓箭。」年輕人說：「我不能去。我可能會被殺，我的親人不知道我去了哪裡。但是你⋯⋯」他轉頭望向同伴，「你可以跟他們一起去。」於是，兩名年輕人一個勇赴戰場，一個回家。這群戰士隨後往上游航行，抵達卡拉馬另一邊的一座城鎮；那裡的人來到岸邊，雙方展開激戰，死了很多人。不久，

年輕人聽見一個戰士說：「快，我們回去吧，那個印第安人被襲擊了。」這時候他才想到：「噢，原來他們是鬼。」雖然他們說他被射中了，但他完全不覺得有什麼不舒服。獨木舟回到伊古拉克，年輕人上岸，回家生了火，然後告訴大家說：「聽我說，我和一群鬼一起去打仗，我們這一方死了很多同袍，但也殺死了很多敵人。他們說我被射中了，但我一點都沒感覺。」他把故事說完，然後就安靜了。太陽升起時，他頹然倒地，面容扭曲，黑色的東西從他嘴裡湧出。所有人都大吃一驚，尖叫起來。他死了。

不全的回憶

巴特萊特讓第一位受試者閱讀這個故事，並憑記憶把故事說給第二位受試者聽，第二位受試者再憑記憶把故事說給第三位受試者聽，就這樣下去，最後故事被重述了七遍。這麼做的效果類似一種兒童玩的遊戲「講電話」，訊息透過一個接一個口耳相傳的方式，會因參與者的敘述失誤或改動而逐漸變異，失去原貌。

結果毫無意外，在一遍遍重複述說之後，故事改變了，也喪失了許多細節。受試者都是年輕的英國男性，對這個故事的風格和內容都不熟悉，也因此犯了許多錯誤，尤其故事變得愈來愈短，細節被遺漏得愈來愈多；但另一方面，情節卻變得更有條理——巴特萊特將這種現象稱為「慣例化」（conventionalization）——變成一個很有邏輯的故事。受試者重述時，使用了來自自身文化背景的詞彙和概念，使整個故事變得較為英國化。例如受試者把「獵海豹」記成了「釣魚」，把「獨木舟」記成「船隻」。另外，受試者也會遺忘、略過那些他們覺得不合理或無意義的部分。

巴特萊特的另一種測試方法，是請受試者閱讀故事並重新述說；然後在過了特定時間（半小時、一週或三個月）以後，再重新述說一遍。這個方法得到的結果與第一種方法相似。

使用基模

巴特萊特提出觀點，認為長期記憶是由基模（schema）所構成，每一個基模都是「經驗經過組織後的整體」，或者「對過去反應或經驗的主動整理結果」。他認為「過去的經驗是以一種整體的組織概念存在，而非一群零散的、各自保留某種特定意義的元素」。因此他的結論是，所有新進的訊息都會與基模中的舊訊息發生互動，產生修正後的基模。

他指出，「回憶」並不是從茫茫訊息海中「揀選」出那些固定不變的事實，而是一種主動處理的歷程，與想像和思考沒有根本上的差別。

因此，回想起某一段記憶，這個過程並非「複製」，而是「重建」——其中很可能帶有全新的文化脈絡，和一種「努力追求意義」（effort after meaning）的成分。在回憶像「鬼戰爭」這種內容時注定會出現錯誤，因為受試者在過往經驗的共同性質的影響下，將不可避免地對故事情節有不同的解讀。

巴特萊特用網球來比喻他的發現。他說每一次揮拍，都不是在創造全新的動作，但也絕不只是在重複和上一個一樣的動作。揮拍的動作，可以說是由當下視覺和姿勢的基模，以及兩者間的交互作用所創造出來的。

巴特萊特的基模論在當初並沒有受到廣泛的認可。但近年來逐漸得到重視，尤其受到人工智慧領域的資訊科學家馬文‧閔斯基（Marvin Minsky）的大力擁護。

故事

基模

修改後的
故事

動物如何學習？

「操作制約」與行為的增強作用

1938年

學者：
伯爾赫斯·弗雷德里克·史金納（Burrhus Frederic Skinner）
學科領域：
動物行為
結論：
要塑造行為，正向增強比懲罰更有效。

在桑代克（見第16頁）和巴夫洛夫（參閱第19頁）完成開創性的研究之後，美國心理學家B. F.史金納在動物學習的研究領域採取了更科學化的手段。史金納認為，試圖了解動物想要什麼或是如何計畫，是沒有意義的；他更偏好透過實驗，看動物在控制好的條件下會出現什麼行為。

根據他的觀察，人類似乎是從自身行為所引發的「後果」來學習；我們會重複那些得到酬賞（reward）的行為，例如在學校用功讀書。於是，史金納想探討動物是否也是以相同的方式學習，以及是否能藉由研究動物來更了解人類學習的基本原理。

操作制約

史金納把老鼠放進一個設有控制桿的箱子裡。每當老鼠壓下桿子，一團食物就會掉下來。最初老鼠只是在箱子裡到處亂跑，後來無意間壓到桿子，就注意到有食物出現。這是最直接的正向增強（positive reinforcement）方式。很快老鼠就懂得只要壓下桿子，就能得到食物——於是牠開始頻繁壓桿，在一分鐘之內壓了五次。

史金納只描述他觀察到的現象，從未宣稱老鼠學會壓桿的行為是因為想要食物。他認為被增強的（或是在不同情況下被懲罰的）是行為，而不是老鼠本身。他稱這種過程為「操作制約」（operant conditioning），因為老鼠不

史金納箱

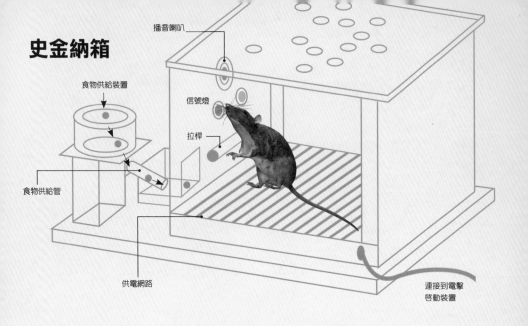

播音喇叭

食物供給裝置

信號燈

拉桿

食物供給管

供電網路

連接到電擊
啓動裝置

是經由任何外界刺激，而是透過自身的行為來學習。史金納的操作制約理論與巴夫洛夫和華生的古典制約理論之間的差異，在於操作制約控制的是環境，而非實驗對象的反射性行為。

「連鎖」

史金納箱的設計與桑代克的迷籠相似，但往往製作得更精巧，並與自動記錄裝置連接，因此他不需要帶著筆記本坐在旁邊盯著看，就能精確地記錄老鼠壓桿的頻率。

在另一個箱子裡，必須壓桿十次，食物才會出現，但老鼠還是很快就學會這麼做，之後牠壓桿的頻率也比「每壓一次就能得到食物」的箱子裡的老鼠高。

史金納逐漸把箱子改造得更繁複，讓老鼠必須完成更困難的事。有時候，他也在實驗中運用「嫌惡刺激」（unpleasant　stimuli）——老鼠在箱中走動時會突然聽見

巨響，但牠只要不小心碰到控制桿，噪音就會關閉，到了最後，牠每次被放進箱子裡，就會立刻去壓控制桿。還有另一種箱子，讓老鼠學會在光線亮起的時候馬上去壓控制桿；否則很快就會受到電擊。

史金納發現，在分別學習不同的簡單動作以後，老鼠能夠進一步學會由一系列簡單動作組成的複雜連續動作。例如，老鼠能夠學會在鈴聲響起時轉身，然後在光線亮起時壓桿，接著就可以得到食物。史金納稱這種過程為「連鎖」（chaining）。

用鴿子取代老鼠

史金納也用鴿子作為實驗對象，發現牠們能學會啄牆上的紅點來取得食物。即使啄了紅點，食物也只是有時候出現，而不是每一次都出現，牠們還是會繼續這個動作。史金納指出，這個現象和賭徒玩吃角子老虎機的行為是一樣的。賭徒學會把硬幣投入機器、拉下桿子，就有一定的機率能得到酬賞；於是他一直期待得到豐厚的酬賞，足以抵銷投入的金額。

史金納也發現，鴿子和老鼠一樣，只要每一個階段都施予增強，牠們就能夠學會完成複雜的任務，例如先轉圈、然後再啄某個特定目標。

正如史金納所說，「行為產生的後果，會決定之後這個行為再次出現的可能性。」他深信，他的理論能夠用來創造一個烏托邦式的理想社會，使所有人都表現出良好的行為，人人都能幸福、快樂。史金納在他1948年出版的小說《桃源二村》（Walden Two）中描繪了一個美好的社會，大家每天只需要工作四個小時，擁有不受污染的環境和優質的休閒娛樂，同時達到完全的兩性平等。

1939年

學者：
弗里茨·朱爾斯·羅斯利斯伯格（Fritz Jules Roeth-lisberger）與W. J.迪克森
（W. J. Dickson）

學科領域：
社會心理學

結論：
關注工人的想法與感受能提高生產力。

心理學能
提高生產力嗎？

霍桑效應

位於美國伊利諾州西塞羅的霍桑工廠（Hawthorne Works），是西方電器公司（Western Electric）於1905年興建的大型工廠。1924年，工廠的供電商宣稱，良好的照明能提高生產力。因此，霍桑工廠的管理階層委託研究，想探討這種說法的真偽。

於是研究人員進駐，測量了工廠的生產力，然後把員工分成實驗組和對照組，接著逐漸在對照組的工作環境增加照明。結果令人大為驚訝；兩組員工的生產力都急遽增加。隨後，研究者又逐步降低對照組的工作環境照明，直到工人開始抱怨看不清楚為止——然而，兩組的生產力還是都提升了。甚至在照明條件調整回初始狀態時，他們的生產力依然比以前高。

這種現象引起研究者的高度興趣。他們嘗試用其他各種方式改變工廠的工作環境；其中歷時最久的一項研究，是針對繼電器（電話交換機中使用的切換裝置）的裝配線。製造繼電器是重複性很高的工作，以人工的方式組裝35件插銷、彈簧、電樞、絕緣體、線圈、螺絲等零件。西方電器公司一年生產超過700萬臺繼電器，每位工人的作業速度影響了整體生產水準的高低。

繼電器裝配試驗室

實驗者選出兩位女性工人擔任組長，請她們各自選擇

四名成員，再把全部六個人安排到一間獨立的測試室。實驗者在房間內與組員討論，有時也會採納她們的建議。

實驗者想知道這些女性工人在工作一整天以後，是否會因為疲憊而降低作業速度，於是提出休息方案，整個工作天內休息兩次，每次五分鐘；討論過後，這群女工選擇在早上10點和下午2點時休息。雖然有人認為五分鐘的休息時間太短，但大家都非常感激能夠有休息的機會。

實驗者發現她們的生產力提升了，接著提議把每段休息時間都延長到十分鐘。有些工人擔心休息時間太長，無法完成工作進度；但實驗者表示，休息能消除疲勞，讓她們的工作速度更快。結果，她們都非常珍惜延長的休息時間，而且生產的繼電器數量也打破了以往的紀錄。然而，當研究者把時間調整為六段五分鐘的休息時，生產力降低了。

研究者嘗試在早上15分鐘的休息時間供應午餐，也把整天的工時縮減半小時，結果生產力增加了；於是他們進一步縮減工時，發現每小時的生產力增加，但每日的總產量降低了。接著他們再把工時恢復到最初的狀態，結果產量邊增30%，達到新高。

最後的一組實驗，選擇針對電話總機配線廠（Bank Wiring）的14名男性工人，採用「激勵性薪資」的方式進行。結果非常令人詫異——生產力並沒有提高。組內的工人自己建立了一種「常規」（norm），即使在增加工作量

可以提高薪資的條件下，也依然遵循常規，以相同的速度工作。

實驗者發現，他們所嘗試的一切方式，除了提供更多金錢以外，幾乎都能暫時提高生產力。這種現象的可能原因之一是，工人認為有人在注意觀察他們每個人的表現。讓他們選擇自己的同事、以小組的方式工作、擁有自己的作業房間等，顯然令他們受到激勵。

結論

實驗的結論之一是生產力取決於工作小組內的非正式互動。另外，這個小組需要一位具備同理心、願意關懷其他成員的上司，能對他們的努力有所回饋。後來其中一位女工泰瑞莎‧雷曼‧查札克表示：「我沒想過會發生那麼多事，那麼多人盯著我們看。」然而，也有另外一種可能性，就是工人想要取悅實驗者，這種情況在心理學實驗中時常遇到。

霍桑工廠的主管喬治‧潘諾克說：

> 「……這些女孩之間建立了信心和友誼，這種關係緊密到她們基本上不需要任何監督。即使沒有任何額外的刺激或誘因，也會自動全力以赴。根據她們的說法，她們自己並沒有意識到現在的作業速度比以前快；她們覺得產量提高，和工作環境明顯變得更自由、更愉快有關。」

霍桑研究最重要的發現是，若管理階層以尊重、人性化的方式對待工人，而非將他們視為機器，就會使生產力提升。這種概念在1930年代是前所未見的；但霍桑研究的結果清楚地顯示，不重視個人和文化價值的企業，比較不容易成功。

民主該如何管理？

探討領導風格與良好的治理方式

1939年

學者：
庫爾特・勒溫（Kurt Lewin）、R.李普特（R. Lippitt）、R. K.懷特（R. K. White）

學科領域：
社會心理學

結論：
需要積極團隊管理而非提供漫無限制的個人自由，才能達到最有效的民主。

　　心理學先驅庫爾特・勒溫在1933年逃離納粹德國來到美國。他寫道：

> 逃離法西斯統治的歐洲難民，對美國抱持複雜的情緒，混雜了迫切的期望、好奇，同時又心懷疑慮。讓眾人為之而戰、不惜以性命換取的民主，是我們最珍貴的寶藏，還是只是一個用來愚弄人民的漂亮詞彙？

　　他是用什麼方式來認清「民主」這個概念，並了解如何在這種形式下進行組織管理？首先，他打造了一間「實驗室」，不像研究機構，反而像孩子的遊戲間。實驗室設在閣樓，擺了一些木箱充當椅子；各種雜物到處散落（多半是建築用的器具），周圍是麻布袋簡陋堆疊而成的牆壁。室內熱鬧擁擠，毫無紀律，缺乏組織，充滿樂趣——可以說與一間潔白的教室完全相反。

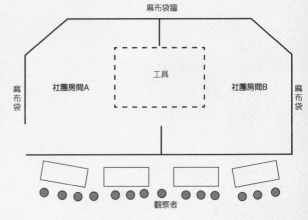

　　他找來一群10到11歲的兒童，把他們分成四個社團，各個社團固定每週聚會一次。他要求兒童製作戲劇面具、打造傢俱、繪製房間的指示牌、雕刻肥皂或木頭、組裝飛機模型等，由一

名成人（研究者之一）擔任領導者，從旁協助。孩子的社團房間同時也是工作室。

勒溫刻意採用不同的領導風格，營造出三種不同的社會氣氛（social climate）。在數週內，先讓這群兒童體驗第一種領導風格，接著是第二種、第三種。十餘名研究者坐在隱蔽的角落，記錄兒童彼此之間以及對領導者的反應，同時勒溫也悄悄地把整段過程錄影下來。有趣的是，這是社會心理學領域中，最早有研究者在實驗裡擔任主要角色（領導者）的實驗之一；在此之前，他們大多只是觀察者或協助者。

三種領導風格

第一個領導者非常嚴格。他會明確地、一步一步地要求孩子做某件事，孩子只需要照辦，鮮少知道做這件事的最終目標是什麼。他也把每個人的分工交代得清清楚楚，而且指定他們要在哪裡做（多半在房間的中央）。無論批評或讚美，他都以直接、針對性的方式表達。他總是穿西裝、打領帶，站在同一個位置不動，與全體保持距離。

第二個領導者營造一種「民主氛圍」，全體社團成員會預先討論計畫，一起決定要怎麼進行。他讓成員自行分組；孩子需要建議時，他會提出兩、三種方案供他們選擇。批評或讚美成員的表現時，他會以全然客觀的態度表達。他也讓自己成為團體中的一員：脫掉外套、捲起袖子，和孩子一起在室內到處走動，不過很少親自動手。

第三個領導者基本上只是坐著不動，放任孩子自由發揮，幾乎完全不出面干涉。這種無為而治的「自由放任」（laissez-faire）態度其實是始於陰錯陽差，因為當時新的領導者勞夫・懷特忘了要引導兒童以民主的方式完成

任務，意外造成無政府狀態。事後他表示：「小組開始分崩離析。其中兩個孩子特別會惹麻煩，他們逮到一個機會大肆搗亂，很沒有成效。」

實驗結果

第一種制度的施行帶來無止盡的問題和困擾。嚴格的領導風格使整體氣氛緊繃，孩子之間出現許多爭執和對抗。他們顯然很不開心，出錯時也傾向於把錯誤怪到別人身上。一段實驗結束後，他們把剛做好的面具都砸爛了。正如李普特的看法，「他們無法反抗領袖，但可以拿面具出氣。」

在民主的氛圍下，孩子快樂得多，較不具攻擊性，也能夠更客觀看待所負責的工作。另外，在生產力或是想像力上，他們的表現都更優秀，在房間裡到處勤奮地工作。

至於自由放任那一組的兒童，幾乎沒有人專注在任務上，只是在房間裡晃來晃去。研究者發現，這種領導風格其實也非常有趣，因此繼續實驗下去，領導者必須盡力不去干涉，維持被動態度。

在轉換到不同領導風格的組別後，孩子非常迅速地適應新的制度，學會如何融入群體、配合領導者。

勒溫的結論是，民主並非來自漫無限制的個體自由，而需要扎實、主動的團隊管理。

結論

透過勒溫的實驗可以看出，小型的團體也能產生民主行為；這也引領了焦點團體（focus group）以及團體治療（group therapy）概念的出現。更重要的是，實驗結果顯示，領導是一種教得來的技能，不一定與個人魅力或軍事實力有關。

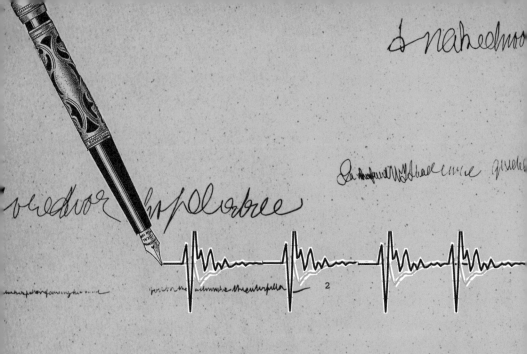

第三部：不一樣的關注焦點
1941-1961

次大戰後，心理學家將焦點放寬，除了人類及動物的行為外，也關注心智研究所帶來的實質影響。人們開始想知道心理學能以何種方式在教室裡發揮助力，學者也發明各種方法來研究兒童的思維。科學家檢視動物是否有解決問題的能力，並思考所得的答案在人類的互動上具有什麼意義。單純的「思考」已經不再是唯一的主題：情緒及社

會行為也都成了心理學的相關領域。在這些背景下，新的疑
問紛紛浮現：該如何追蹤像母愛這麼基本的情緒？我們可以
同時相信兩種截然不同、甚至彼此矛盾的事實嗎？為什麼一
致性對我們而言這麼重要？攻擊性是與生俱來的本性嗎？

學者：
愛德華·托爾曼（Edward
C. Tolman）
學科領域：
動物行為
結論：
老鼠具有潛在學習的能
力，可以記住細節，展現
了認知行為。

老鼠可以
形成心智地圖嗎？

隱藏學習、潛在學習，或偶發性學習

　　知名的行為主義學者史金納（參閱第37頁）曾說過，動物想什麼、要什麼，根本不值得去思考，因為人類只能觀察牠們對增強刺激的反應而已。但加州大學柏克萊分校的教授愛德華·托爾曼對這種看法心存懷疑。他想知道動物的思考能力可以達到什麼程度，以及牠們可以記住什麼。

　　和史金納一樣，托爾曼和他的學生也打造迷宮來讓老鼠通過。但他們特地設計出可以呈現老鼠思維——也就是認知行為（cognitive behavior）——的迷宮。其中最早的之一，是一系列以T字形交叉口相連的狹窄通道，放置在水平面上（平面圖請見第50頁最上）。

　　老鼠被分成三組。飢餓的老鼠每天都會被放到迷宮的左下角一次，終點在迷宮的右上角。途中共有六個T字形路口，每次都必須選對路才行，所以老鼠共有六次機會犯錯。

　　第一組的老鼠只要抵達迷宮終點，就一定能找到一粒飼料。結果發現，牠們走完迷宮所需的時間一天比一天短，到了第七天就完全不會走錯路了，如右頁圖表所示。（圖表顯示的是各組老鼠的平均表現。）

延岩獎賞

　　前六天，第二組老鼠到了終點也不會找到任何食物，所以牠們不會有加快腳步的動力。牠們在迷宮裡到處亂晃，每天都會走錯很多次，但第七天之後，迷宮終點開始有食物出

現，往後的每一天也都一樣。第八天，這些老鼠只選錯一次路。到了第九天，牠們就直接朝食物的方向前進，完全沒犯錯。第三組老鼠則是在第三天找到食物，之後牠們也很快就學會了正確的路。

重點是：第一組的老鼠花了七天才找出通往食物的正確路徑，但第二組和第三組在發現終點有食物以後，只花了兩、三天就辦到了。這意味著，雖然當時沒有趕赴終點的理由，但牠們之前到處亂晃的時候，應該已經在腦中形成了某種心智地圖（或「認知地圖」）。這就是隱藏學習，因為牠們腦中形成的心智地圖是在牠們找到食物以後才浮現的，牠們的學習行為也是這個時候才顯露出來的。這又稱為「潛在學習」（latent learning）或「偶發性學習」（incidental learning）。

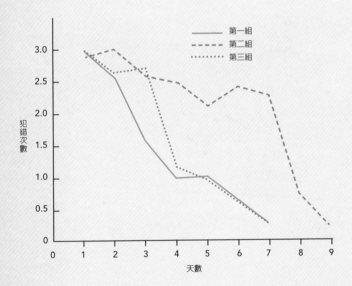

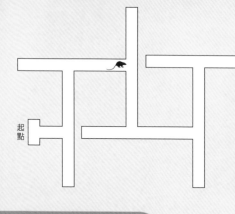

**有六個T字形
交叉路口的迷宮**

**Y字形
迷宮**

二維地圖

托爾曼指出，完成這項任務只需要一份「卷軸地圖」（strip map）——也就是一維的地圖。本質上，在每個交叉路口，老鼠只要學會選擇「左」或「右」就可以了。於是托爾曼製作了兩套更複雜的迷宮，想進一步探究老鼠是否有能力建立二維的地圖。

以一個複雜得多的版本取代原本的簡單迷宮以後，大多數老鼠都成功找到了通往原本食物所在位置的正確路徑。換句話說，牠們不只是單純學會了「左、右、右、左……」而已，而是已經徹底理解了食物和起點（或牠們所處空間）之間的相對方位。

托爾曼提到，還有一個實驗更加精巧，只是很遺憾那個實驗是別人做的（史彭斯和李皮特，Spence and Lippitt）。它採用一個簡單的Y字形迷宮（如下圖所示），左邊的通道盡頭有食物，右邊的通道盡頭則是水。老鼠被放在Y字的底端，但因為這些老鼠剛剛才吃喝過，所以牠們沒有在迷宮裡進食或飲水。進行關鍵試驗時，老鼠被分成兩組。第一組餓了（但不渴），第二組渴了（但不餓）。被放入迷宮後，飢餓組的老鼠全都直奔食物，口渴組的老鼠則是直接跑去喝水。這表示牠們一定已經建立並保存了一份迷宮的心智地圖，儘管牠們當時既不餓也不渴。

所以，下次當你在腦中盤算從臥室到大門口、或從超市到火車站的最佳路線時，別忘了老鼠（和其他動物）可能也跟我們一樣，會使用心智地圖。

孩子，你在想什麼？

皮亞傑的兒童認知發展理論

1952年

學者：
尚・皮亞傑（Jean Piaget）
學科領域：
發展心理學
結論：
兒童的思考方式和大人不同，他們的學習能力會隨著不同的階段逐漸發展。

瑞士心理學家尚・皮亞傑在訪問了某間學校裡的男童後，開始好奇兒童是怎麼思考的。大部分人都認為小孩就和大人一樣，只是思考能力比較差。皮亞傑則證明，人生來就具有一種原始的心智構造，會透過學習逐漸發展。此外，孩童的思考模式其實和大人很不一樣。

皮亞傑和兒童（包括他自己的孩子）對話，並透過實驗來窺探兒童對這個世界的想法，藉此發展出他的理論。

守恆概念

他發現，幼童無法理解「守恆」（conservation）的概念。他給他們看兩個一模一樣的寬口玻璃杯，裡面裝著等量的液體。接著，他把其中一杯的液體倒進另一個較高、較窄的玻璃杯中，這麼一來，窄口杯裡的水位自然比寬口杯來得高。結果幾乎毫無例外，兩歲到七歲之間的兒童都認為窄口杯裡的液體比較多。

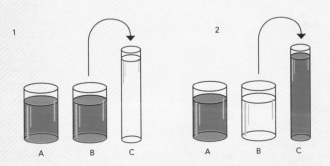

1

2

A　B　C　　　A　B　C

皮亞傑
守恆概念

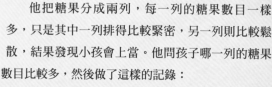

他把糖果分成兩列，每一列的糖果數目一樣多，只是其中一列排得比較緊密，另一列則比較鬆散，結果發現小孩會上當。他問孩子哪一列的糖果數目比較多，然後做了這樣的記錄：

年齡區間在兩歲六個月到三歲兩個月的兒童，能夠正確地分辨出兩列物品的相對數目。三歲兩個月到四歲六個月的兒童，認為較長的那一列「比較多」。而過了四歲六個月，他們就又能夠正確辨別了。

皮亞傑界定出四個發展階段：0-2歲的感覺動作期（sensory-motor），2-7歲的前運思期（preoperational），以此類推。在第二階段的前半期（也就是2-4歲），兒童會開始用符號來代表他們的世界。他們會畫家人，而就算圖畫的比例不對、甚至一點都不像，他們也似乎完全不在意。

在第二階段的後半期（4-7歲），兒童會變得充滿好奇心，提出一大堆的問題，其中某些問題已經展現了推理的跡象。也有些問題根本無法回答——我記得我兒子問過：「這為什麼是一隻貓？」而我還在思考該怎麼回答，他就又問了：「那如果這不是貓，又會怎麼樣？」

皮亞傑認為兒童會建立「基模」（schema）——也就是智慧行為的構件或實質的知識單位（見第36頁）。連小嬰兒都有幾個基模，例如吸吮基模（吸吮乳頭、奶嘴、手指等）。當孩子探索世界時，這些基模會不斷地修正、擴充；而隨著孩子逐漸發育成長，他們也會發展出更多基模，以將他們獲得的新資訊納入其中。如果新資訊可以

直接融入現有的基模，它就會被吸收；如果無法融入，就必須為它擴充現有的基模。

自我中心的觀點？

皮亞傑推測，幼童看世界的方式是以自己為中心點，也就是說，他們無法從別人的角度去想像事情。他用一個名叫「三山」的巧妙實驗來證明這一點。

他讓孩子看一個立體模型，模型由三座不同的山構成，其中一座山上有一個十字架，另一座山上則有一棵樹。桌子對面坐了一隻泰迪熊或一個娃娃。接著他讓孩子瀏覽一系列照片，問他們哪一張圖才是娃娃看到的畫面。結果他們全都選了從自己的角度而不是娃娃的角度看見的畫面。

皮亞傑寫道：「孩子不會去呈現娃娃從不同的角度看見的不同景物，他始終認為自己的角度是絕對的，因此不疑有他地認為娃娃看見的也是這樣。」

有人批評這個實驗，理由是孩子可能根本沒有理解實驗者的問題，此外也有一些設計較為簡單的類似實驗得到了不同的結果。例如在1975年，英國發展心理學家馬丁·休斯（Martin Hughes）給孩子看兩道交錯的牆、兩個警察娃娃和一個嬰兒娃娃。他要求孩子把嬰兒放在兩個警察都看不到的位置。參與實驗的兒童年齡都在3.5到5歲之間，結果90%都給出了正確答案——雖然他們必須理解兩個警察的視角才能做到這一點。

皮亞傑的研究對發展心理學與教育都有巨大影響，也正因如此，他的理論和實驗都受到嚴格的檢視與挑戰，提出的發展階段也歷經了多次修改。

1953年

學者：
莫瑞斯・海勒（Morris
F. Heller）、莫・柏格曼
（Moe Bergman）

學科領域：
神經心理學

結論：
所有人都可能在無所覺
的情況下經歷聽不見的
耳鳴。

那是什麼聲音？

耳鳴是一種疾病，還是一種心病？

有些人深受耳朵裡無止盡的嗡嗡聲所苦。這會妨礙
聽覺、打斷睡眠，還可能讓人苦不堪言。這樣的嗡嗡聲稱
為「耳鳴」，輕則讓人略感不適，重則讓人難以忍受。

在1950年代之前，一般認為耳鳴分為兩種。振動
性耳鳴（vibratory tinnitus）為實體聲源造成的實際聲響
所導致，例如肌肉活動；非振動性耳鳴（nonvibratory
tinnitus）則是聽覺神經受到刺激而產生的幻聽，也就是
說，是大腦造成的。

醫生為此提出了各式各樣的可能療法，例如同時用
五、六種不同藥物進行治療，戒斷所有藥物與酒精，治
療腸胃功能或造血器官方面的毛病，透過飲食控制達到
液體、鹽分和水分的平衡，牙科治療，耳內施藥，心理治
療，或是使用助聽器——更別提各種外科手術了。

耳鳴是一種疾病，還是一種症狀？

研究者福勒（E. P. Fowler）原本認為耳鳴必定與失聰
有關，但他後來改變了觀點，指出耳鳴也時常發生在沒有
明顯耳疾的人身上。他接著檢查了2000名病患，結果發現
其中86%的人都有耳鳴。

莫瑞斯・F・海勒與莫・柏格曼這兩位專精聽力學的
美國醫生注意到，耳鳴有時似乎會干擾病患的聽覺，但他
們想知道，這因果關係是不是應該倒過來才對。或許隨著

病患的聽力逐漸惡化，耳鳴的症狀也會變得更加明顯：

> 病患常表示，如果沒有腦中那些噪音，他們的聽力就
> 會比較好，腦中的聲音愈大，他們聽不到的情況就愈
> 嚴重。但失聰不見得一定是耳鳴造成的。也有可能是
> 隨著聽力惡化，腦中的噪音就更難被屏蔽，所以
> 主觀而言，耳鳴的聲音似乎就變大了。

聲音的響度是以分貝（dB）為單位。非常大的聲響，如電鑽、摩托車等，會製造約100分貝的噪音，普通交談的聲音大約是70分貝，低語則大約是50分貝。海勒和柏格曼估計，耳鳴的響度只比人類的聽覺閾高出約5到10分貝——是人類所能聽見最小的聲音。

海勒和柏格曼想知道，既然完全健康的人也可能出現耳鳴，那麼它有沒有可能是聽力障礙的早期癥狀？結果他們發現，他們可以把健康的人放在極端安靜的環境裡，研究亞音頻耳鳴（也就是人在正常條件下無法聽見的耳鳴）。

隔音室

海勒和柏格曼招募了80名來自不同背景的志願者（都是健康的成年人，男女都有，年齡在18歲到60歲之間）。他們的聽力都很正常，沒有失聰或耳鳴的情況。每個志願者都被帶進隔音室，室內的環境噪音（ambient noise）約為15到18分貝

（確切數字無從得知，因為當時的儀器不夠精密，根本測不到任何聲音）。

他們要求志願者在隔音室中坐五分鐘，把他們聽見的任何聲音都記錄下來。研究者沒有以任何方式暗示，聲音可能來自他們自己的大腦。同時，他們也測試100名有聽力障礙的患者，多半是退役老兵。

實驗結果令人驚訝。聽障的病患中，有73%表示聽見聲音。而聽力正常的受試者中，有94%的人表示聽見了聲音。他們總共聽到39種不同的聲音。大多數人只聽見一種聲音，有的人聽見兩種，還有極少數人聽見三、四、五種不同的聲音。

這個結果顯示，幾乎所有的人都時時在經歷耳鳴，只是它往往被環境噪音所掩蓋。在正常的生活環境裡，就算很安靜，通常也還是有超過35分貝的環境噪音。這似乎足以掩蓋耳鳴，所以人們還是聽不到它。

無藥可救

從海勒和柏格曼的實驗中，可以得到一個立即的結論：耳鳴是無法透過任何療法來「治癒」或消除的，頂多只能讓你聽不到它。但許多人依然前仆後繼地提出各種耳鳴的原因和預防方法。例如有人說，喝咖啡和茶會造成耳鳴。針對這個論點，英國實驗心理學家林賽・聖克萊（Lindsay St. Claire）在2010年招募了67名志願者，參與為期30天的實驗，看看咖啡因是否對耳鳴有任何影響。他的團隊發現，戒斷咖啡因引起了明顯的不良反應，但並沒有找到戒除咖啡因能緩解耳鳴的證據。

末日將近？

認知失調的痛苦

1956年

學者：
里昂・費斯汀格（Leon Festinger）、亨利・李肯（Henry Riecken）、史丹利・夏赫特（Stanley Schachter）

學科領域：
認知失調

結論：
處理兩種以上彼此矛盾的信念時，人會覺得非常焦慮不安。

　　1954年8月，瑪莉安・基奇（Marian Keech）預言在12月21日黎明前，世界將會被一場大洪水毀滅。基奇太太是一個半宗教性密教組織「追尋者」（The Seekers）的領導者。她聲稱自己會透過「自動書寫」接收到一些訊息——她的手和筆似乎會自己動，以和平常不同的筆跡寫出文字。這些訊息五花八門，有的描述其他星球上的環境，有警告地球即將發生災難和戰爭，有的則向所有虔誠的信徒保證，他們將得到驚人的喜樂與救贖。

　　她宣稱自己收到一則來自號角星球的末日訊息，還說在洪水來臨之前，會有一艘飛碟來到地球，把所有的「追尋者」載到安全的地方。

信徒

　　組織裡的其他成員（包括一名醫師、他的妻子，還有其他幾位中年專業人士）紛紛辭掉工作、離開伴侶、放棄所有財產，準備踏上旅程。其中有個個人是這麼說的：「我幾乎是拋下了一切所有。我斷絕了所有的關係，斷絕了所有的後路。我已經拋棄了全世界。我沒有本錢懷疑。我非相信不可。」

　　里昂・費斯汀格和同事在一份地方報紙上看見這樣的頭條——「來自號角星球的預言。呼籲市民：洪水將至，快逃」，因此決定混進這個組織裡，追蹤那些人的行動。

身為社會學家，他們想知道當預言落空時，那些人會經歷什麼樣的心理過程。他們在10月造訪基奇太太，成功地加入了組織。

他們偶爾也會遇上麻煩。有一天晚上，基奇太太邀請學者亨利·李肯主持晚間活動。他非常擔心拒絕會啟人疑寶，但又害怕會說錯話、搞砸一切。因此他同意，然後在活動開始時舉起手，說：「讓我們來冥想吧。」

隨著預言中的末日一天天逼近，研究者發現這個團體開始避免公開露面，不太願意接受採訪，只允許真正的信徒進入基奇的家。

準備升空

這群人預期，12月20日這天，會有一位來自外太空的「守護者」在午夜時分到來，帶他們登上一艘等候中的太空船。到了晚上，他們小心翼翼地移除身上所有的金屬製品，包括硬幣、戒指、鈕釦、拉鍊、皮帶扣、內衣肩帶等等。等到12點10分，還是沒有訪客現身，眾人驚恐地陷入一片死寂。清晨4點，基奇太太開始哭泣。

4點45分，基奇太太再次透過自動書寫收到一則新的訊息：由於他們這一小群人靜坐了一整夜，散播了無比的光輝，因此地球之神決定讓世界免於毀滅。

如果你是組織裡的一員，你會怎麼做？你會取回那

些拔掉的金屬物品，安靜地離開，悄悄溜回家，祈禱家人和老闆能不囉唆地重新接納你嗎？其中有一個人是這麼做的，但其餘的「追尋者」卻恰恰相反。

化解衝突

他們完全改變手法，啟動了一項緊急計畫，竭盡全力傳播他們的訊息，想讓愈多人聽見愈好。到了6點30分，他們已經打了電話給報社、安排了訪談，企圖讓全世界都加入他們的信仰體系。他們尋求外太空力量的指引，又說出一大堆不同的預言，還開始發行小冊子來詳細說明。換句話說，末日預言落空不但沒有讓這些人離開，反而還強化了他們對密教組織的忠誠。

費斯汀格說，要發生這麼戲劇化的轉折，這群人必定對自己的想法深信不疑，必定採取了一些無可挽回的行動，必定明白預言已經完全落空，也必定從組織成員身上獲得了堅定的支持。

他說，他們之所以改變態度，是因為同時出現兩種互不相容的信念，對他們造成了心理壓力。他稱之為「認知失調」（cognitive dissonance）。我們一天到晚都會遇到這種情況。假設你的好友鮑伯買了一輛新車或一支新手機。他八成會說那是最好的、最快的、最有效率的、最經濟實惠的……等等。這或許是事實，但更重要的是，他已經投資了金錢和時間購買這項產品，因此不希望你或任何人暗示它不夠完美。

費斯汀格認為在「追尋者」這個案例中，當世界沒有如期毀滅時，組織成員都面臨了嚴重的認知失調。因此，與其接受原本的預言，然後承認他們根深蒂固的信念有瑕疵，這些信徒還寧願修改原本的預言，然後接受額外的信念，認為外星人真的因為他們的努力而拯救了世界。

學者：
索羅門‧艾許（Solomon E.
Asch）
學科領域：
社會心理學
結論：
即使認為是錯的，仍有一部
分受試者會同意團體決策。

你會屈服於
同儕壓力嗎？

艾許的從眾實驗

即使有不只一個人說你是錯的，你也總是能夠堅持說出自己的真實想法嗎？你有多麼獨立自主？

當一群人在一起時，似乎常會做出團體決策，例如：「一起去餐廳吃飯吧」或「一起唱生日快樂歌吧」。但有時候，會有一、兩個人反對，決定做不同的事。行為心理學家索羅門‧艾許想測量人們有多容易被團體說服。

實驗

一名男大學生受邀和另外一群學生一起參加一項心理研究。到了現場，他看見其他人在走廊上等候，接著大家進了教室，六、七個人坐成一排，新人被安排坐在倒數第二個位置。他不知道的是，其他人全都是助手假扮的，遵照一套嚴格的指示行動。他是唯一的外人——也就是「關鍵受試者」。

一名實驗者走進來，說明實驗內容，請他們估計一些線段的相對長度。每一次測驗時，他都會在檯子上放兩張卡片，其中一張畫著三條長度不等的黑線，另一張則畫著一條測試線，與另外那三條線的其中一條等長。這些線條的長度在2.5到25公分之間。團隊的任務是要判斷哪一條線的長度跟測試線一樣。

重點來了：參與者必須一個接一個大聲說出自己的

答案。因此關鍵受試者是倒數第二個作答的人，在輪到他之前，必定會聽到很多人的答案。每一場實驗都有18道題目，但這18道題目其實是9道題目重複進行兩遍。

　　所有的助手都會給出同樣的答案，所以第一個人如果選B，那麼後面所有的人也會跟著選B。最初的兩題中，所有人的答案都是正確的。但從第三題開始，助手就刻意選擇錯誤的答案，這時關鍵受試者（表情往往很困惑）就必須做出抉擇，看是要說出他認為正確的答案，還是說出跟大家一樣的答案。這是個困難的決定，因為他必須在眾人面前把答案說出來，而他若持不同意見，就代表他認為其

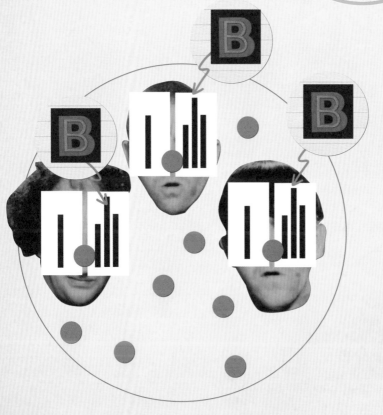

他人都錯了。

他們繼續進行後面的測試。18道題目中，助手答對6題，答錯12題。有趣的是，關鍵受試者屈服了，跟著說出錯誤的答案。這種現象在第四題和第十題最為顯著，而這兩題的線段組合是一樣的。

為了確認在這個實驗中選出正確答案很容易，艾許又進行了一系列試驗，讓單一受試者觀察線段組合，並把答案寫下來。少了同儕壓力，受試者的答對率超過99%，證實了題目並不會太難。

艾許重複做了幾十次實驗，而整體結果顯示，受試者會在37%的測試中選擇從眾，給了錯誤的答案。有些關鍵受試者始終保持獨立性，不理會其他人怎麼說。有些人則完全屈服，每一次都跟著群體意見作答。也有些人採取折衷作法，在20%的題目中給了錯誤的答案，這些答案並沒有錯得像大家的答案那麼離譜，但依舊是錯的。

實驗結束後，他訪問了所有的受試者，結果發現他們會想要解釋自己為什麼會被搞得一頭霧水：

- 答了幾題以後，我以為他們說的是寬度。

- 我以為題目可能有陷阱——某種視錯覺之類的。

- 一開始，我覺得不是我有問題，就是他們大部分人有問題。

- 我很確定他們是錯的，但我也不敢肯定自己是對的。

群體壓力

每一場訪談快結束時，艾許都會向受試者揭露真相，

而他們全都鬆了一口氣。其中一人甚至說：「政府的責任就是執行多數人的意見，即便你堅信他們是錯的也一樣。」其他人也各自分享了如釋重負的心情：

- 不是他們瘋了，就是我瘋了——我無法肯定是前者還是後者——我就想，我的判斷力真的有這麼差嗎？但同時我又覺得自己沒錯。
- 我說出跟大家一樣的答案，不是因為我認為他們是對的，而是因為我想跟團體意見一致。我覺得要反對眾人的意見非常需要勇氣。
- 如果不同意大家，我會覺得自己不是團體的一分子。

最後，艾許得到一系列結論。當助手人數只有兩、三人時，受試者較能保持獨立性，較不易受群體意見左右。群體壓力並不會隨著時間增加，因為在整個實驗過程裡，大多數受試者的獨立程度都沒有變。所以同儕壓力真的有效，雖然這些實驗只是要受試者判斷線的長度而已。要探討同儕壓力的影響程度，還需要進行更多的研究。但整體而言，就像其中一位受試者說的：「身為少數是一件很辛苦的事。」

1959年

學者：
H. F.哈洛（Harry F. Harlow）、R. R.齊莫曼（R. R. Zimmermann）

學科領域：
發展心理學

結論：
證據顯示，嬰兒對母親的依戀，不只是建立在餵哺之上。

嬰兒的依戀
是如何形成的？

母嬰分離、依賴需求與社會隔離

為什麼嬰兒會對母親產生強烈的依戀（attachment）？這究竟是一種自然發生的過程，還是一種因為母親餵食而後天學會的習慣？飽受爭議的美國心理學家哈利．哈洛這麼寫：

> 心理學家、社會學家及人類學家普遍認為，嬰兒會把母親的臉、身體和其他外型特徵跟自己內在生理壓力（特別是飢餓與口渴）的緩解聯想在一起，據此學會依戀母親。傳統的心理分析師也一直傾向於強調依戀和哺乳的角色，認為這是情感發展的基礎。」

也就是說，有可能是嬰兒向母親索求奶水，進而學會將食物跟她的臉、氣味和觸感聯想在一起，就這樣發展出依附關係。也可能母嬰之間本就存在著一種演化上的固有連結，不論有沒有奶水都注定會形成。哈洛想透過研究母嬰分離所造成的影響來分辨這兩種論點何者正確。他知道不可能在人類嬰兒身上進行這種實驗，因此轉而以他養在威斯康辛大學靈長類實驗室裡的恆河猴作為實驗對象。

他必須找到一個辦法，把「奶水供應」跟「母親的溫暖與柔軟」分開來。他注意到恆河猴寶寶跟媽媽分開後，有時會緊抓著布做的尿布不放，這讓他有了一個主意。

代理母親

　　他將八隻恆河猴寶寶在出生6至12個小時內帶離母親身邊，放進獨立的籠子裡，籠內各有兩個「代理母親」——身體用僵硬的鐵絲網製成，裝著簡陋的腦袋。其中一個身上裹著毛巾布，另一個則光禿禿。

　　在其中四個籠子裡，「鐵網母親」身上裝了奶瓶，「毛巾布母親」沒有。另外四個籠子則完全相反，只有「毛巾布母親」身上裝了奶瓶。

　　兩組猴子寶寶攝取的奶量都一樣，增加的體重也相同，但最關鍵的一點是，所有的猴寶寶都更親近「毛巾布母親」，大部分時間都攀在它身上爬上爬下。

　　猴寶寶跟這些代理母親相處了六個月。一般而言，從「鐵網母親」身上吸奶的猴寶寶會在飢渴的時候短暫地接近它，但大部分時間都和「毛巾布母親」在一起，跟它形成了強烈而穩定的情感連結。

　　牠們花這麼多時間和柔軟的母親相處，證實了依戀關係的形成並不只是因為食物，而是基於某種更本能、更直覺的東西。但哈洛還想知道，「毛巾布母親」是否能在幼猴感到恐懼時給牠們提供慰藉與安全感。因此他拿出一隻會打鼓的機器熊，製造出巨大的聲響。

　　結果不論奶瓶是裝在哪一個代理母親身上，受到驚嚇的幼猴統統鑽進了「毛巾布母親」懷裡。這種行為和由真正的母親養育的幼猴很像。牠們每天都有很多時間緊抓著母親不放，受到驚嚇的時候也會奔向母親尋求安撫與慰藉。

「開放空間試驗」

　　他把幼猴各自帶到有很多陌生物品的新環境裡，結果發現，如果牠們的代理母親在場，幼猴會窩在它懷裡一陣子，接著就跑去到處探索，受到驚嚇再跑回它身邊。但如果代理母親不在，牠們就只會蜷縮在角落裡不動，吸吮著手指。

　　缺乏關愛的人類寶寶長大後往往很難跟他人建立情感連結。哈洛在他的幼猴身上也發現了類似的情況。他將四隻幼猴帶離母親身邊，讓牠們各自獨處，連一個可以建立連結的代理母親都沒有。八個月後，他再把牠們放進有「毛巾布母親」和「鐵網母親」的籠子裡，但無論是對哪一個代理母親，這些幼猴都無法形成依附關係。哈洛據此得到結論，認為幼猴在出生後的頭幾個月裡必須有個溫暖柔軟的東西可以抱，之後才能正常發展，因為擁抱似乎是面對壓力時一種天然的自發反應。

　　另一方面，牠們需要的似乎是社會互動而不是母嬰互動。還有另外四隻幼猴也同樣獨自長大，但牠們每天都會被放到同一個籠子裡，跟其他三隻相處20分鐘。結果這些幼猴長大後，情感及社會行為都相對正常。

　　雖然哈洛的研究對人類嬰兒的行為確實有某些貢獻（例如它暗示，母嬰之間長時間的身體接觸能帶來好處），但它也受到強烈批評，認為根本沒必要這麼殘忍。被他拿來做實驗的猴寶寶始終沒有完全恢復正常。若把牠們和由親生母親養大的猴子放在同一個籠子裡，「孤兒」就會陰鬱地縮在角落，總是一副很不快樂的樣子。同時，哈洛也讓失去孩子的母猴異常焦慮。牠們往往變得很神經質，再度見到自己的寶寶時還會憤怒地攻擊牠們。

短期記憶有多短？

圖像記憶的快速消逝

1960年

學者：
喬治・史柏林（George Sperling）

學科領域：
認知與記憶

結論：
人類具有強大的短期視覺記憶。

　　如果你看見一排隨機的字母，例如NDRKSQ，你能記住幾個？如果是好幾排字母呢？美國心理學家喬治・史柏林任職於紐澤西著名的貝爾實驗室（Bell Laboratories），他想知道我們在匆匆一瞥間能看見多少東西，又能記住多久。一般而言，我們是透過稱為「眼球迅速移動」（saccade）的眼球活動來看周遭世界，因此理論上，我們對世界的整個視野是由許多驚鴻一瞥的畫面構成的。史柏林設計了一套簡單而精巧的實驗來探究這個議題。

　　其中一個難題是要想辦法讓影像以這麼快的速度閃現。他用視覺記憶測試鏡（tachistoscope）將卡片展示在受試者眼前，每次只有幾分之一秒。現在我們會使用電腦，但1960年的研究實驗室裡並沒有電腦，這種雙視野的視覺記憶測試鏡在當時已經是最先進的儀器。

　　受試者會55公分外的地方看見一系列長12公分、寬20公分的卡片，每張卡片上都有一組大約1公分高的字母。視覺記憶測試鏡會發出閃光，通常設定為每次50毫秒（20分之1秒）。共有500張不同的卡片，所以沒有人能記住字母出現的模式，只有幾個令人印象特別深刻的除外，例如ＸＸＸ。

　　某些卡片上是三到七個字母排成一排，字距有的正常、有的異常緊密。某些卡片上則有兩行或三行字母，字距同樣有的正常、有的緊密。所有的母音都排除不用。

KLBJ

RNFBTS　　　**YNXP**

實驗1

　　每一組字母展示50毫秒後，受試者就必須在格子裡的正確位置寫下所看見的字母。如果有不確定的，就用猜測的方式作答。每一輪測驗都展示5張到20張卡片，受試者可以自由選擇測驗的步調－－大家通常都是每分鐘看三、四張。

　　卡片上只有三個字母時，所有受試者都能穩穩保持100%的答對率。當字母的數目增加時，受試者的分數（立即性記憶的廣度）就開始因人而異，但每一個受試者的表現仍舊幾乎是穩定不變的，從3.8到5.2不等。平均而言，立即性記憶的廣度大約是4.3個字母。字母的排列方式（字距大小）或行數差異都沒有什麼影響。

實驗2

　　接著，史柏林嘗試改變閃光的長度，讓卡片閃現15毫秒到500毫秒（即半秒）不等。令人意外的是，分數並沒有因此出現什麼變化，大家的極限還是一樣的。

實驗3

　　史柏林發現，受試者往往聲稱自己看見的比能記住的更多。這似乎很奇怪。我們真的會在看見某些東西以後，這麼快就忘得一乾二淨嗎？史柏林意識到，「你看見了什麼？」這個問題其實是要求受試者說出自己「記得」和「忘記」的東西。

　　於是他設計了一套巧妙的實驗，來測試他們是否真的「看見的比說得上來的還多」。實驗裡，他向受試者展示多到不可能說得完的資訊，但只要求他們說出其中一部分。

　　這回受試者會看見兩排字母，每排各有三、四個字母。他們被告知，在光線消失後，會立即響起一個音，每次半秒

鐘。如果響起的是低音，他們就要寫出下排的字母。如果響起的是高音，就要寫出上排的字母。接著，字卡上的字母變成三排，響起的音則有高、中、低三種。

高音　**D W R M**
中音　**S K Z T**
低音　**Q M C R**

結果非常驚人。受試者答對字母的機率比之前更高，甚至在日復一日的練習下變得愈來愈準確。看見有12個字母的卡片後，他們的平均分數達到了76%。也就是說，在這12個字母中，他們應該「看見」了9個。

這意味著，在字卡出現的時間裡，以及隨後的十分之幾秒內，受試者擁有的資訊量，是他們後來能夠說出的兩、三倍之多。史柏林寫道：「此時殘存在腦中的，是刺激物所留下的、迅速消失的視覺圖像。」

右表顯示記憶中可暫存的字母數。橫軸為字卡上的字母數，斜線為最高分數。下方曲線代表立即記憶的分數（實驗1）；上方曲線則代表記憶中可暫存的字母數，如實驗3所示。

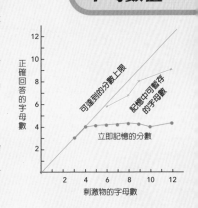

受試者
平均數值

圖像記憶

若在字卡閃現後馬上再展示一張白色的卡片，受試者的表現就大幅下滑，這暗示著視覺系統過載，也支持了前述論點，即字母是以視覺殘影的形式保存的。

也就是說，史柏林發現了一種迅速消失的、圖片似的記憶。此前從來沒有人提過有這樣的東西存在。這種記憶在今日被稱為「圖像記憶」（iconic memory）或「視覺短期記憶」（visual short-term memory；VSTM）。

1961年

學者：
亞伯特・班度拉（Albert
Bandura）、D.羅斯（D.
Ross）、S. A.羅斯（S.
A. Ross）
學科領域：
發展與社會心理學
結論：
暴露在攻擊行為之下的兒
童，較有可能展現肢體上
的攻擊行為。

攻擊行為是
後天學來的嗎？

波波玩偶實驗

兒童一天到晚在電視或電玩中看見攻擊行為。到了10
歲或11歲，多數兒童都已經目睹過數以千計的殺人畫面和
數以十萬計的暴力行為，而且全部都受到美化。甚至連卡
通人物都會被揍飛、打扁，或丟下懸崖。這永無止盡的暴
力內容是否會鼓勵孩子變得暴力？

這正是亞伯特・班度拉和同事想知道的。他們找了一
群三到六歲的兒童，將他們分成三組。第一組看到成年的
角色楷模展現攻擊行為，第二組看到的都是正常行為，第
三組則是控制組，沒有大人出現。接著，他們再觀察這些
孩子會怎麼做。

研究者預期女孩會傾向於模仿女性角色楷模的行為，
男孩則傾向於模仿男性。此外，他們也預期男孩會有較高
的攻擊性，尤其是在看了男性角色楷模的攻擊行為以後。

實驗

每個孩子都被帶進一個房間裡，接著角色楷模受邀進
來參與遊戲。孩子坐在角落裡的一張桌子前，桌上擺著馬
鈴薯做的印章和各種貼紙，可以用來作畫。角色楷模則走
到對面的角落，那裡有一套小桌椅、一套Tinkertoy組裝玩
具、一支木槌，還有一個1.5公尺高的波波玩偶——那是一
種真人大小的充氣不倒翁娃娃。

在半數的試驗裡，角色楷模都沒有表現出任何攻擊

70

行為，只是坐在那裡玩組裝玩具，完全不理會波波玩偶。而在有攻擊行為的試驗裡，角色楷模會花一分鐘玩組裝玩具，接著就一直猛烈攻擊波波玩偶：用拳頭打它、坐在它身上、揉它的鼻子、把它扶起來再用木槌重擊它的頭、把它拋到空中，然後憤怒地把它在房間裡踢來踢去。角色楷模會重複這些動作大約三次，一邊嚷著：「揉他鼻子⋯⋯把他打倒⋯⋯把他丟到空中⋯⋯踢他⋯⋯砰！」

　　十分鐘後，女性實驗者回到房間，把孩子帶到另一棟建築物。在接待室裡玩了兩分鐘後，他們就進入觀察室。等待期間，女性實驗者都坐在角落的書桌前假裝處理文書，不與孩子有任何互動。

　　這個實驗室裡有各種玩具，從蠟筆、紙張、球、娃娃、小熊、小汽車與小卡車到塑膠牧場動物都有，但也有一支木槌和一個1公尺高的充氣波波玩偶。每個孩子都會在這個房間裡待20分鐘，評分員則透過單面鏡觀察他們的行為，進行評分。

　　同樣是看過不具攻擊性的角色楷模，男孩的表現幾乎全都比女孩暴力，尤其是玩木槌和波波玩偶的時候。無論角色楷模是男性還是女性，似乎都沒有造成太大的差異，且他們展現的攻擊性也和沒有見到任何角色楷模的控制組兒童不相上下，只是控制組玩木槌的時候都明顯很暴力，

男女皆然。有趣的是，只要看過不具攻擊性的男性楷模，那麼兒童不分男女，都比控制組的兒童沒有攻擊性。

目睹過攻擊行為的兒童，改變則大得多。在看過女性角色楷模吼叫後，女孩會變得明顯比男孩更愛大吼大叫，而男孩則會在看見男性角色楷模吼叫後，展現更大的吼叫傾向。

波波玩偶

古怪的是，在毆打波波玩偶這方面，男孩會在看過女性毆打玩偶之後變得更有攻擊性，但女孩卻是在看過男性毆打玩偶之後變得更有攻擊性。

就幾乎每一種類型的暴力而言，看過攻擊行為的兒童都明顯比沒看過的兒童更有攻擊性。這證實了研究者的預測：暴力行為是可以學習的。他們的結論是，對於「陽剛」的行為，如肢體暴力，無論男孩或女孩都比較傾向於學習男性。另一方面，對於言語暴力（「把他打倒……把他丟到空中……踢他……」），男孩和女孩都比較傾向於學習同性的行為。

兒童對暴力角色楷模的評語也有明顯的性別差異：「那位女士是誰？女生不能這樣……她的行為根本像個男人。我從來沒看過女生這樣，又踢又打的。」另一方面，有一個女孩則說：「那個男的很能打，他一直打、一直打，可以把波波打倒在地……他是個厲害的鬥士，跟爸爸一樣。」

這些實驗內容被引用了無數次，但爭議依舊存在：螢幕上的暴力，究竟會不會讓兒童變得暴力？我們至今仍然不知道答案。

1961年

學者：
M. 謝里夫（Muzafer Sherif）、
O. J.哈維（O.J. Har-vey）、
B. J.懷特（B. J. White）、
W. R.胡德（W. R. Hood）、
C. W.謝里夫（C. W. She-rif）
學科領域：
社會心理學／衝突理論
結論：
引發衝突的是對資源的競爭，
而非個體間的差異

要不要跟我一夥？

群體心態與強盜窟實驗

為什麼團體或組織之間會產生緊張關係，而這種情況又能如何避免？世界各地都有敵對團體為了爭奪稀有資源而引發問題。人們對移民怨聲載道，因為他們認為外籍人士會搶走他們的工作。城內幫派則是爭奪毒品和地盤。領土、水源或石油之爭，也經常演變成戰爭、甚至是大屠殺。

在土耳其出生受教育的社會心理學家穆薩弗‧謝里夫對現實衝突理論（Realistic Conflict Theory）很有興趣。他決定做一場實驗，刻意在團體之間製造衝突，並探討化解衝突的方式。

強盜窟

他邀請兩群12歲的男孩到美國俄克拉荷馬州的強盜窟州立公園參加夏令營。每隊各有11名成員，都是中產階級的白人男孩，彼此互不相識，也不知道另一隊的存在。

第一週，兩隊都去游泳、健行、一起練習棒球，就這麼建立起自己的文化。其中一隊自稱為「老鷹隊」，另一隊則自稱為「響尾蛇隊」，並將隊名印在各自的T恤和旗幟上。

有限資源的競爭

接下來的幾天裡，研究者安排讓兩個團體比賽棒球、拔河、觸球、搭帳棚、尋寶，並宣布優勝隊伍可以獲得獎勵——有一個團體獎盃，每個成員還各能獲得一面獎牌與一把

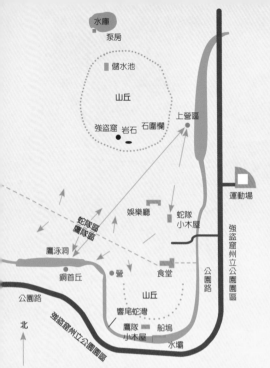

水庫
泵房
儲水池
山丘
強盜窟 岩石 石圍欄
上營區
運動場
蛇隊區
鷹隊區
娛樂廳
蛇隊
小木屋
鷹泳洞
強盜窟州立公園園區
銅首丘
營
食堂
公園路
公園路
山丘
北
響尾蛇灣
鷹隊
小木屋
船塢
水壩
強盜窟州立公園園區

營地平面圖與兩隊營區示意圖

四刃刀。同時，為了引起挫折感，落敗的隊伍是什麼也得不到的。剛聽見這個消息時，響尾蛇隊信心滿滿，認為自己穩操勝算。

雙方勢均力敵，直到最後一項活動：尋寶。研究者操縱比賽，讓老鷹隊獲得勝利。他們「為勝利欣喜若狂，又叫又跳，彼此擁抱，大聲讓現場所有人都知道他們贏了。另一方面，響尾蛇隊則悶悶不樂，極度沮喪，坐在地上沉默不語。」

其中一隊在前往野餐的途中遭到耽擱，結果抵達目的地時，發現食物已經全被另一隊的人吃光了。

摩擦愈來愈多。兩組人馬開始互相叫罵、彼此嘲弄。老鷹隊燒了響尾蛇隊的旗子，響尾蛇隊則闖進老鷹隊的小木屋，翻倒床鋪、偷走東西。最後氣氛變得太過火爆，研究者只得把他們隔離開來。

謝里夫發現：

> 他們之間的敵意並非由既有的感受或態度所導致……種族、宗教、教育或其他背景差異，都不是引起不和的原因。雙方會有摩擦，都是因為出現了競爭情形，以及在他們眼裡是由對方所導致的挫折感。

接著他們花了兩天時間冷靜。但謝里夫發現，正如他所預料的，如果只是讓兩隊人共同相處，成效並不好。他們依舊彼此辱罵，吃飯時還會互丟食物跟餐巾紙。他斷定，化解衝突最好的方式，是給他們一個單憑自己的力量無法解決的難題——謝里夫稱之為「上層目標」（superordinate goal），

讓他們不得不攜手合作。

研究者截斷了營地上方儲水池的供水，然後宣布需要大約25個人手才能解決問題。兩個團體中都有人自願幫忙。抵達儲水池時，大家都很渴，但卻沒有水可以喝。此時他們開始合作，將塞住管線的麻布袋移開（麻布袋是實驗者放在那裡的）。

下一個任務跟錢有關。研究者告訴男孩說他們可以看一場電影。但要從城裡租片子來看需要15美金，夏令營只能出5美金。討論很久並經過投票之後，兩組都同意出資，最後大家都看得很開心。

後來兩隊人又搭乘卡車到細得湖露營。實驗者誘導他們共同努力，將一輛「卡住」的卡車拖出來，接著兩組人都同意以每天輪流的方式煮飯給所有的人吃。

最後，他們搭乘同一輛巴士踏上歸途，而在其中一個休息站，贏得5美金獎勵的那一隊甚至同意把獎金用來買飲料給所有的人喝。

巴士即將抵達俄克拉荷馬市時，坐在巴士前排座位的男孩（大多是兩隊的領導人物）開始唱起〈俄克拉荷馬〉。兩隊的成員也全都加入，或坐或站地一起擠在巴士的前半部。有幾個男孩互相交換了聯絡地址，也有很多人跟最好的同伴相約再見面。

結論

謝里夫根據這個實驗推測，由於兩個團體的條件基本上是一樣的，所以兩個群體之間並不見得要有個體差異才會產生衝突。當男孩競奪珍貴的獎品時，就出現了敵意與攻擊性的態度，是因為他們爭奪的資源是只有一個團體能夠取得的。

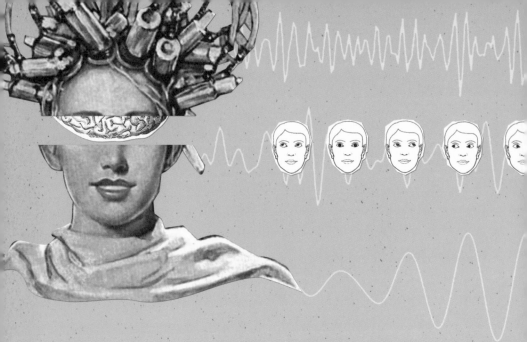

第四部：心智、大腦，以及其他人
1962-1970

到了1960年代中期，心理學蓬勃發展，成了一門「可登大雅之堂」的科學，世界各地的大學和高中也都開設了相關課程。心理學家和實驗者愈來愈多，探索的議題範圍愈來愈廣——例如旁觀者面對緊急情況時會如何反應，或者個人空間被侵犯時會怎麼樣。社會心理學及團體情境下的人類行為都引起廣泛興趣，尤其在米爾格倫針對服從及權威做了研究之後更是如此。

　　另外，1960年代也是新科技的開始，例如腦波測量技術
（electroencephalography；EEG）的發明，使人類首度得
以一窺活體大腦內部的樣貌。隨著科技進步，神經科學與心
理學有更多的機會結合，也為這個領域開拓出許多全新的方
向。

1963年

學者：
史丹利・米爾格倫（Stanley Milgram）

學科領域：
社會心理學

結論：
有些受試者會服從權威角色，執行違背自己良心的指令

你會做到什麼程度？

米爾格倫實驗

耶魯大學的心理學教授史丹利・米爾格倫想知道志願者在面對權威時，會服從到什麼程度。驅使他這麼做的，是C. P. 史諾（C. P. Snow）在1961年說過的一句話：「以服從之名所犯下的醜惡罪行，比以反叛之名所犯下的還要多。」他也痛苦地明白，在二次大戰戰前以及戰時，有千百萬無辜的人在集中營的毒氣室裡因為屠殺令而喪命。

「老師」和「學生」

米爾格倫邀請40位志願者參與一項學習實驗，表面上說是要研究懲罰對記憶的影響。每個志願者都會在耶魯大學的研究室中與另一人會面。會有一名身穿灰色實驗衣、態度冷淡嚴肅的實驗者向他們說明流程，再請兩人從一頂帽子裡抽籤，決定誰扮演「老師」、誰扮演「學生」。實際上，一切都是設計好的。所有的紙籤上寫的都是「老師」，所以受試者一定會是「老師」。

接著，「老師」就看著「學生」被綁到椅子上，手腕貼上電極片。如果「老師」對這個安排有疑慮，實驗者就解釋：「電擊雖然會痛，但不會造成永久傷害。」

接著「老師」就被帶進另一個房間，只能用麥克風和耳機和「學生」透過聲音溝通。

記憶測驗中，「老師」唸出表上一系列配對的單字，接著重複第一個單字，以及四個可能的配對選項以供選擇。

如果「學生」答對了,「老師」就繼續下一個單字。但如果「學生」答錯了,「老師」就必須按下開關,啟動電擊。電擊裝置有一排30個開關,「老師」必須從第一個的開關開始,「學生」每答錯一次,就依序啟動下一個開關。

他們會做到什麼程度?

第一次電擊僅15伏特(「輕微電擊」),但強度會依序升高——30伏特、45伏特、60伏特,一直到420伏特(「危險:強烈電擊」)以及最高的450伏特(僅標示為「XXX」)。每次按下開關,紅色的指示燈就會亮起,蜂鳴器嗶嗶作響,標示為「通電器」的藍色指示燈閃爍,電壓計指針則擺向右邊。

實驗開始前,「老師」必須先體驗一次45伏特的電擊,好讓他相信電擊器是真的。

事實上,扮演「學生」的是米爾格倫受過訓練的同夥(一個47歲的會計師),而那個「電擊裝置」也是假的,不會真的給他電擊。「學生」持續回答問題,時常給出錯誤的答案,使電擊強度逐漸增加到300伏特。達到300伏特後,「學生」便不再出聲。但「老師」確實會聽見兩人之間的那面牆上傳來敲擊的聲音。

此時，「老師」通常會尋求實驗者的指示。實驗者要他等待10秒鐘，如果「學生」仍未作答，就繼續給予下一階的電擊。315伏特電擊後，「老師」再次聽見搥牆壁的聲音；但在這之後，無論電擊多強，牆的那端都一片靜默，再也沒有任何反應。

「老師」往往會在某個時間點詢問實驗者是否該繼續測驗。實驗者則以有禮而堅定的態度，不斷督促他：

1. 請繼續。
2. 這是實驗需求，請你繼續。
3. 你必須繼續。
4. 你沒有選擇，你得繼續。

你認為，有多少「老師」會拒絕繼續這種施虐行為？你可能以為大部分人應該很快就拒絕繼續了，而一群心理學家也預測，在最糟的情況下，應該也只有3%的志願者會走完整個程序。但事實上，沒有任何一名「老師」在300伏特之前就選擇終止實驗，而一路進行到450伏特最終電擊的則有多達26人。

實驗的過程裡，所有的「老師」都渾身冒汗、發抖、結巴、哀嚎、握緊拳頭，甚至有14個人緊張大笑。也確實有少數人中途就拒絕繼續實驗。

責任？

這一系列令人震驚的實驗帶來了非常深遠的影響。到了21世紀，納粹死亡集中營的獄卒都還受到追捕、因戰爭罪受審，但他們會不會只是奉命行事而已呢？許多不同國家的士兵都曾被控犯下醜惡的暴行──包括強姦與殺害無辜平民──但他們會不會只是在服從長官的指令？而倘若如此，他們需要對自己的行為負責嗎？

盲人能夠重見光明嗎？

在50歲時，學習如何「看見」世界

1963年

學者：
R. L.葛瑞格里（R. L. Gregory）、J. G.華勒斯（J. G. Wallace）
學科領域：
認知與知覺
結論：
感覺經驗並不簡單。

過了50年的盲人生活之後恢復視力，是什麼感覺？S. B.生於1906年，十個月大時因為施打天花疫苗而失去雙眼視力。後來，他就讀英國的伯明罕盲人學校，天資聰穎，擅長心算，並透過用手觸摸塑膠模型的方式學會了大寫字母。他胸懷大志，在木工、編織和修鞋方面練就了一手好技藝。從學校畢業後，他有了一份工作，就是在家裡修鞋子。

R. L.葛瑞格里後來發現，「他很驕傲自己身為盲人還能自立自強……他會出去騎腳踏車，扶著朋友的肩膀騎上很遠的路，也喜歡園藝，在花園小屋裡做工藝。」

重見光明

為了重拾視力，他在1958年12月和1959年1月動了手術。拆除繃帶時，他看見的第一樣東西是外科醫師的臉。他聽見前方和旁邊有聲音傳來：他朝聲音的方向轉過去，結果「看見一個深色的輪廓，上面有個凸起的東西，又聽見有人說話，因此我伸手摸了摸自己的鼻子，猜想那個凸起的東西應該就是鼻子。接著我就懂了：如果這是鼻子，那麼我看見的就是一張臉了。」

他的外科醫師說：

> 手術後，他……馬上就可以認出人臉和一般的物件（椅子、床鋪、桌子等等）。他的說法是……對於所有可以摸到的東西，他都有一種明確而精準的心像（mental image）。

葛瑞格里和華勒斯在S. B.第一次手術過後七週第一次和他見面。他「給我們的第一印象是個開朗、外向、充滿自信的中年人……他甚至可以看著牆上的大鐘說出時間。這讓我們非常驚訝，幾乎難以相信他在手術前是個盲人。但他接著就給我們看一隻沒有玻璃錶面的大錶，示範如何透過觸摸指針，迅速精準地得知時間。」

手術後三天，他第一次看見月亮。聽說那個就是月亮時，他對月牙的形狀嘖嘖稱奇，因為他以為「弦月」的形狀應該像四分之一塊蛋糕那樣。

無效的錯覺

葛瑞格里讓他觀看幾種廣為人知的錯覺圖案，包括波根多夫錯覺（Poggendorff Illusion）和深度反轉錯覺（reversing depth illusion）：

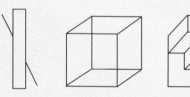

大多數人都說圖中的斜線不是直線，但S・B卻只說：「全都是一條線。」

奈克方塊（Necker cube）和階梯看來是立體的嗎？你能讓它們內外翻轉，變成不同的角度嗎？你能從下方看見階梯嗎？對大多數人而言，盯著奈克方塊和階梯看的時候，這些圖案會「內外翻轉」──階梯可以是正的也可以是倒的──但S. B.看不見「深度」，這些圖案也不會反轉。要求他拿筆畫畫時，他一開始畫得很慢，表現也不佳，但後來就逐漸進步。下面是三張他畫的巴士圖，分別是在第一次手術過後48天、六個月和一年時完成的。

這些圖有明顯的進步，他也學會畫出大寫字母，接著是小寫字母，但他卻畫不出巴士的引擎蓋，因為他從來沒有觸摸過

這個東西。

葛瑞格里與華勒斯在S. B.身上發現許多引人入勝的特徵，其中一項是他如何將早期透過觸覺經驗取得的資訊在這麼多年後以轉換成視覺。S. B.可以認出過去曾靠觸摸學會的大寫字母，卻認不出沒有靠觸覺學習過的小寫字母。

在倫敦科學博物館，他對莫茲利螺絲車床（Maudslay screw-cutting lathe）著迷不已。他沒辦法從玻璃罩外面「看見」它，但一旦拿走罩子、允許他觸碰，「他就緊緊閉上雙眼，熱切地用手觸摸車床。接著他稍微向後退，張開眼睛，說：『摸過之後，我就看得到它了。』接著他說出各個部件的正確名稱，並解釋車床的運作機制。」

笛卡兒曾在1637年的著作《屈光學》（Dioptrics）中寫道，盲人「透過觸覺來感知事物，精準無比，幾乎可以說他們是用手在『看』世界。」

S. B.則說：「我會拿起一根叉子，觸摸它，然後回憶我還是盲人時摸到叉子的感覺，這時我才能確定：這是一根叉子。接著我就要學會記住它，這樣我下一次看見叉子時才能夠認出來。」

但手術後一年，他就陷入抑鬱，於1960年8月2日辭世。

正如葛瑞格里所寫的：「我們已經發現，儘管視力對失明許久的人而言可能非常實用，但它也有可能造成極大的痛苦與傷害。」

1965年

學者：
E. H.赫斯（Eckhard Hess）

學科領域：
實驗心理學

結論：
研究眼睛，可以透露大腦在
進行什麼活動。

眼睛
真的是靈魂之窗嗎？

瞳孔的大小代表興趣或情緒

艾克哈德‧赫斯寫道：「當我們說某人的眼睛看起來溫柔、嚴厲、冰冷或溫暖時，其實我們指的，多半只是眼睛的某個面向：瞳孔的大小。」

瞳孔是眼睛中央的小小黑洞。瞳孔的大小是由自主神經系統控制，通常隨著光線的強弱而變化，因此在黑暗的房間裡會放大，在強烈的陽光下則縮成如針尖般細小。赫斯希望，當志願者審視或思考他所提供的材料時，他可以單憑測量他們瞳孔的放大程度，就知道他們當時的腦部活動。他發明了一種巧妙的方式來記錄瞳孔的大小。

放大的瞳孔

赫斯的研究顯示，大多數人在看見有趣或刺激的事物時，瞳孔會擴大。異性戀男女看見穿著暴露、外型迷人的異性時，瞳孔會放大。同性戀者的瞳孔則是在看見迷人的同性時放大。女性的瞳孔在看到嬰兒或媽媽與寶寶的圖片時也會放大。

在一項更精細的實驗中，他給20位男性看同一名女性的兩張照片，只是其中一張她的瞳孔是放大的，另一張則是縮小的。這群男性明顯比較喜歡瞳孔放大的那張，儘管事後大部分人都說兩張照片一模一樣——但也有一、兩個人說她看來很柔和、比較漂亮、比較女性化，而「另一位」女性看來則嚴厲、自私或冷酷。他們無法解釋自己為

什麼會有這種看法。赫斯的結論是，瞳孔的大小在非語言的溝通裡扮演了重要角色。

有一種藥物叫「顛茄」（belladonna），字面上是「美麗佳人」的意思。從前的女人會把它滴在眼睛裡，因為她們認為這會讓她們更美麗。顛茄的有效成分是阿托品（atropine），具有使瞳孔擴大的效果。美國女性曾經流行使用一種含有阿托品的洗眼液，直到後來被食藥署禁止。

有趣的是，人們並不知道放大的瞳孔會使人看起來更賞心悅目、更快樂，但赫斯證實，不論是大人還是小孩，被要求幫一張張快樂或悲傷的臉畫上瞳孔時，他們在快樂的臉上畫出的瞳孔都比較大。

數學題目

赫斯接著研究受試者在努力解答數學題目時，瞳孔大小會如何變化。苦苦思索的過程裡，他們的瞳孔會逐漸擴大，直到想出答案的那一刻，接著瞳孔就會驟然縮小，恢復原本的尺寸。

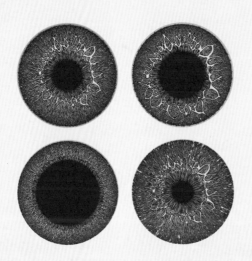

左圖：放大與縮小的瞳孔。

85

他要求志願者回答乘法題目，困難度愈來愈高：7 x 8 9 x 17　11 x 21　16 x 23

面對最簡單的計算時，他們的瞳孔大小平均擴大了4%。而處理最複雜的計算時，瞳孔的放大率則是可觀的30%。所有人的瞳孔最後都恢復到原本的大小。也就是說，瞳孔放大的程度，似乎可以用來測量個體所付出的認知努力有多少。

後來的研究顯示，處理這類問題時，資質中等的學生瞳孔放大的情形，比聰明的學生更加明顯。這暗示著，較不聰明的學生解決問題時，必須付出較多的努力。

赫斯還分別對飢餓的人和剛吃飽的人展示食物的照片。飢餓的那一組瞳孔擴張的情形比較顯著，而在吃飽的那一組中，有些人的瞳孔甚至還收縮了，因為他們真的不想再吃了。

康納曼（Kahneman）和比堤（Beatty）要求受試者重複一串數字，例如538293。他們發現，在聆聽序列中的每個數字時，受試者的瞳孔會逐漸放大，接著在他們將數字複述出來時，又逐漸縮小，直到恢復原來的尺寸。要求受試者憑記憶唸出某個電話號碼時，也會發生一樣的狀況，但在這項記憶實驗中，瞳孔的放大程度更高。

所以，眼睛就算不是靈魂之窗，也能透露一點關於大腦活動的祕密。

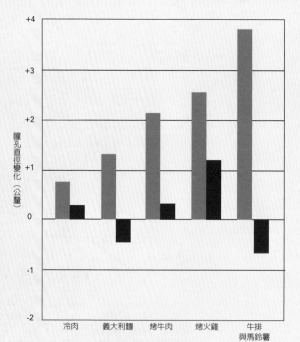

86

「醫生，你確定嗎？」

霍夫林的醫院實驗

1966年

學者：
霍夫林（Charles K. Hofling）
、布洛茲曼（E. Brotzman）
、戴瑞波（S. Dalrymple）、
葛瑞夫斯（N. Graves）、皮
爾斯（C. M. Pierce）

學科領域：
社會心理學

結論：
就算明知這些規矩的用意在
於拯救人命，但在權威人物
的命令下，受試者還是會打
破它們。

1963年的米爾格倫實驗（參閱第78頁），引起對於服從和威權的諸多疑問。幾年後，美國的精神科醫生查爾斯·K·霍夫林做了一項類似的實驗，進一步探討這個領域。他和他的同事都知道，醫師有時會擾亂護士，例如不做好防護措施就走進隔離單位，或者要求護士去做一些違反專業標準的事。研究者想知道，這種行為是否也擴及到護士身上。如果有醫生的指示，護士會在明知如此的情況下，陷病人於險境嗎？

他們在一家公立精神病院的12個部門以及一間私人精神病院的10個部門內進行實驗。同時，他們也詢問一群控制組的護士和一群護生，在這些情況下他們會怎麼做。

Astroten

「精神科的史密斯醫生」（其實是實驗助手假扮的）分別打電話給22名夜班護士，詢問藥房裡是否有Astroten這種藥。Astroten其實是一種假藥——只是無害的葡萄糖片，不可能造成任何傷害。他們事先在藥房裡放了幾盒Astroten。接著「史密斯醫生」命令護士，讓「瓊斯先生」服用20毫

克的Astroten，聲稱是緊急狀況。他說他在外耽擱了，十分鐘後就會趕到醫院，到時再簽署相關文件。

藥瓶上的標籤寫著：「Astroten，5毫克。最大劑量10毫克，不得超過指示劑量」。

護士面對了這些問題：20毫克的劑量顯然太高了，透過電話指示投藥違反醫院政策，藥物未經授權，藥物沒有列在病房的藥品清單上也沒有得到使用許可，最後，沒有任何護士認識「史密斯醫生」。

此外，當時正是半夜，護士都一個人值夜班，無法跟醫院其他人取得聯繫。

你會怎麼做？

假設你是其中一名護士。病患的生命也許會有危險。你會怎麼做？

在控制組的12名護士中，有10人表示他們不會對病人用藥，而21名護生則全部都說他們會拒絕給藥。但在真正的實驗裡，22名護士中有21人都聽從指示給病人服藥，只不過在病床邊被研究者和醫生制止，才明白了事情真相。

多數情況下，通話的時間都很短，大部分護士都不太抗拒，更沒有人表現出敵意。事後，有16人覺得自己當時應該要更加抗拒才對。

反思

　　遵循指示對病人用藥的護士中，只有11人承認他們知道劑量的限制。另外11人則沒注意到，但認為醫生既然這麼說，就一定是安全的。幾乎所有人都承認自己不該違反醫院政策：他們不該接受電話中的指示，應確要確認「史密斯醫生」真的是醫生，也不該給病人服用未經授權的藥物。

　　然而，多數護士也表示，毫不質疑地服從醫生的指示是很正常的做法。其中有15人記得過去也曾發生類似的情況，並且說如果護士拒絕奉令行事，醫生就會生氣。

　　霍夫林和同事得到這樣的結論：「如果有醫生的指示，即使明知會讓病人的生命陷入危險，護士也會違反醫院的規定。」

　　幾年後，蘭克（Rank）和傑考布森（Jacobson）也進行了類似的實驗。他們要求護士讓合適的病人服用非致命但劑量過高的煩寧（Valium）。這一次，護士可以跟其他同事討論，結果18人中有16人拒絕讓病人服藥。之所以會有這樣的結果，主要是因為護士了解這種藥物的效果、有機會跟同事交流，但同時也是因為護士已經比較願意去質疑醫生的命令，護士本身的自尊提升，而且擔心惹上官司。

　　1995年，史密斯（Smith）與麥基（MacKie）提出報告，說美國的醫院每天都有12%的犯錯率，而且「許多研究者都認為，這類問題的主要原因是對權威的無條件服從──醫生這麼要求，護士就這麼接受」。

1966年

學者：
費利普（N. J. Felipe）、
索莫（R. Sommer）

學科領域：
社會心理學

結論：
未經許可侵犯個人空間，
會令人感到困擾、反感

你會侵犯
他人的空間嗎？

個人空間研究

「個人空間」指的是你周圍不希望有人擅自進入的範圍。1960年代時，美國心理學家費利普和索莫花了兩年時間做實驗，他們故意和陌生人坐得很近，看看對方多久會走掉。

他們一開始有點煩惱該在哪裡做實驗，最後終於選了專治心理疾病的門多西諾州立醫院（Mendocino State Hospital）：「我們覺得，如果在中央公園的長凳上侵犯別人的個人空間，搞不好會遭到毆打或逮捕……〔但〕在精神病院裡好像幾乎做什麼都行，只要說是研究就好。」

近距離接觸

醫院的周遭環境跟公園很像，易於前往，所以病患很輕鬆就能找到一塊無人的區域獨處。

費利普和索莫在室內和室外都進行實驗，他們專挑男性，此人必須是獨坐的，而且沒有在進行什麼太需要專注力的活動（例如閱讀或玩牌）。會有一位男性研究者一語不發地坐到受試者身邊，相隔大約15公分的距離。如果受試者移動椅子，或是往長凳的另一端挪過去，研究者就跟著他等距離移動，維持兩人之間的小小空間。

研究者有時只是坐在那裡，有時則會記錄當時的情況。他也同時記錄一段距離以外的其他病人的行動，作為控制組。他們總共侵犯了64名病患的個人空間，每人最久

20分鐘。通常，病人會立即側身避開研究者，縮起肩膀，把手肘橫在身側。有36％的病患在2分鐘之內走開，而控制組的人都沒有移動。20分鐘以後，64％的病患都移動了。他們還發現，比起靜靜坐在那裡，做筆記這個動作稍微更容易使對方起身離開。

在其中一間病房裡，有五個病患非常重視自己的地盤，日復一日都坐在同一張椅子上。其中有兩人更是堅決不願移動。研究者說他們簡直「堅若磐石」。

個人空間

性別影響

接著，研究者決定在大學圖書館的一間大型閱覽室進行下一步實驗，那裡的學生通常會盡可能跟別人離得愈遠愈好。

這次的研究員是女性。她走進去，故意在一位女學生旁邊坐下，完全無視於她的存在。接著她又不著痕跡地悄悄靠近，兩人的椅子僅相隔7.5公分。接著，她傾身越過她做筆記的書本，盡量使兩人肩膀之間的距離維持在30公分。這有時並不容易，因為圖書館的椅子很寬，而且女學生偶爾會滑到椅子的另一側去。

如果學生把椅子搬遠一點，研究者就會跟進，先把椅

子往斜後方推，假裝整理裙子，然後再往前推回去。

很多學生都迅速收回手臂，側過頭去，把手肘放在桌上，或是堆起書本、包包、外套等，作為她們和研究者之間的屏障。研究者在位子上最多坐30分鐘，時間到時，有70%的受試者都已經走掉。只有兩個學生對研究者開口，其中又只有一人請研究者離遠一點。

研究者也嘗試坐在其他學生身邊，但保持正常的距離：椅子相隔約38公分，或肩膀相隔大約60公分。她也試了坐在距離學生兩、三個位子以外的地方，或是坐在桌子對面。侵入這些空間，都沒有產生什麼效果。

結論

費利普和索莫的結論是：侵犯個人空間會引起反感，輕則令人不自在，重則讓人逃離。他們也引用澳洲行為學家葛蘭・麥克布萊德（Glen McBride）的研究：當鳥群中的優勢鳥靠近時，其他的鳥都會轉頭看別的地方，並且閃到一旁，為牠讓出更多空間。

受試者反應的程度受到許多因素影響，包括領域性（territoriality）、入侵者與受試者之間的主從關係，以及「入侵者是否具備與性相關的動機」（儘管入侵者與受試者一直都是相同性別）。

但他們也發現，個人空間的概念是隨不同文化而異的。例如，日本人和拉丁國家的人，彼此之間習慣保持的距離比美國人更近。

大腦被
切成兩半會怎樣？

意識與部分大腦半球切除術

1967年

學者：
S.葛詹尼加（S. Gazzani-
ga）、羅傑．W.斯佩里
（Roger W. Sperry）

學科領域：
神經心理學

結論：
裂腦（brain split）似乎會
使左右腦半球出現兩股獨
立的意識

在1960年代，有些罹患嚴重癲癇症的患者會接受一
種極端的手術：大腦半球切除術（hemispherectomy）。外
科醫生會切斷胼胝體（corpus callosum，連接左右腦的神
經纖維），以防止癲癇發作時對兩邊都造成影響。

手術後，病人對左半邊身體受到的碰觸完全沒反
應。如果把一樣東西塞進病人的左手，他們會說手裡沒
有東西。但令人詫異的是，他們通常都復原良好，也能
恢復正常生活，智商、語言和解決問題的能力也都沒有
太大的改變。

然而，美國心理學家麥可．葛詹尼加和羅傑．斯佩
里設計了一些實驗，來證實手術確實帶來某些更深層的
影響。

當患者用右手握住某個東西時（例如
一根湯匙），他可以說出那是什麼，
並且描述它的特徵。改用左手握住
時，患者說不出它的特徵，但如
果給他一套相似的物品（刀子、
叉子等等），他卻可以將手中的
湯匙和另一根湯匙配對。

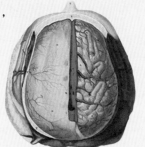

左圖：外科醫生切斷胼胝
體（藍色區域），將左右
腦分開。

實驗者讓病人坐在螢幕前，
請他們注視中央的一個點。這種注視
（fixation）很重要，因為只要病人沒有轉移目光，任何從

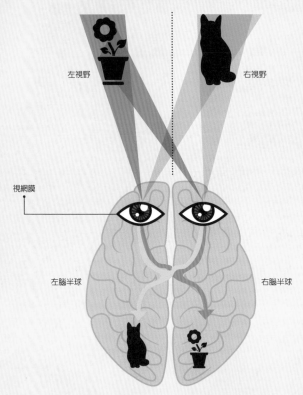

左視野

右視野

視網膜

左腦半球

右腦半球

來自視野左側的所有視覺訊息（由雙眼接收，不是只有左眼）會傳入右腦半球，而來自視野右側的所有訊息則會傳入左腦半球。

螢幕左側閃過的畫面都會傳入大腦右半球，而任何出現在螢幕右側的畫面則會進入大腦左半球。

病人將目光固定在螢幕中央。當光點從螢幕上迅速閃過時，他說只有螢幕右側出現光點。這表示他的右腦看不見，但奇怪的是，如果請病人伸手指出左側螢幕上的光點，他卻辦得到。所以，他究竟是看得見，還是看不見？

這麼看來，似乎兩邊的腦半球都能接收到視覺訊息，但只有左腦可以將這個訊息用語言表達出來。

只把訊息傳到大腦的其中一側

研究者只向病人的某個腦半球傳遞圖片或文字訊息，或把一樣東西放在病人的某一隻手裡，不讓他看見，以確保這些訊息絕大部分是傳到對側的腦半球。如果這些圖片、文字或物體的觸感進入左腦，病人就可以正常地描述出來。但如果這些資訊進入右腦（也就是位於左視野或是握在左手裡的東西），他就無法以語言或文字做出回——連偶爾隨意猜測都無法。

然而，在左側看見某個東西的圖片時（再次以湯匙作

為例子），他們卻可以從一套看不見的物品中，用左手挑出一根湯匙來（如果沒有湯匙，他們就會挑出叉子），但他們還是說不出它是什麼東西。

螢幕上閃過HEART這個字。被問到他們看見什麼時，病人會說「ART」，但若請他們用左手指出寫著HE和ART的卡片時，他們卻指向HE。

交叉提示

有時候，研究者會觀察到兩個腦半球之間出現「交叉提示」（cross-cueing）的情況。當他們對右腦展示紅光或綠光時，病患只會隨便猜，因為右腦並不控制語言。但猜錯的時候，他會皺眉搖頭，說他講錯了，應該是另一個顏色才對。右腦似乎是看見了一個顏色，卻聽見自己說出另外一個顏色，因此趕緊皺眉搖頭，好讓左腦知道它猜錯了。但右腦的表現不見得都比較差。如果要求病人畫出一個立方體，他可以用左手完成，右手卻沒辦法，所以在這個時候，控制能力比較好的是右腦。

結論

葛詹尼加和斯佩里得到這樣的結論：左右腦分離時，會造成同一個大腦中出現兩股獨立的意識，但即便到了今天，也還是沒有人確定這是不是真的，背後又是什麼意義。

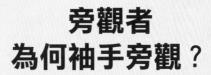

1968年

學者：
約翰・達利（John Darley）、比布・拉塔內（Bibb Latané）

學科領域：
社會心理學

結論：
在面對需要幫助的人時，個人比群體更傾向於伸出援手

旁觀者
為何袖手旁觀？

個人對緊急事件的無動於衷

1964年3月，一位名叫凱蒂・吉諾維斯（Kitty Genovese）的年輕女性在紐約街頭被活活刺死。她受到襲擊的時間超過半個小時，有至少38人目睹事件發生，但卻無人出手制止，甚至沒有人報警。為什麼都沒有人幫忙？

或許是因為冷漠或無感，或許是因為不想被捲入，也可能是因為害怕襲擊者。還有一個可能的原因：純粹是因為還有別人在看，所以他們都以為應該已經有人報警了，或準備出手幫助那個女人了。

美國社會心理學家約翰・達利和比布・拉塔內對目擊者面對此等可怕事件的反應深感興趣，因此展開研究，探討他們沒有插手的原因。

癲癇發作實驗

達利和拉塔內邀請大學生參與一場關於私人問題的討論會。每個討論小組人數不等，而為了避免尷尬，每一位參與者都會坐在獨立的房間裡，透過麥克風和耳機來交流。受試者並不知道自己聽見的所有聲音都是事先錄好的。有的受試者以為自己參與的是一對一的談話；有的則以為參與討論的還有另外多達五個人。實驗者告訴受試

者，討論的時候，他會在房間外的走廊等候。

第一個預錄的聲音向小組坦承自己難以適應城市生活，有時癲癇症還會嚴重發作。接著再根據實驗設定的「小組」人數播放其他人的聲，最後受試者也會發言。然後，第一個人再次開口，說自己的癲癇發作了，聲音愈來愈大、愈來愈語無倫次。接著是喘不過氣來的聲音，然後是一片死寂。

幾乎所有受試者都信以為真。那些以為只有自己一個人聽見對方癲癇發作的受試者全都通報了這場意外，無一例外，其中85%的人甚至在「受害者」還沒有停止說話前，就已經衝到走廊上求援。

而那些以為有六個人在場的受試者當中，僅62%的人通報了意外。但雖然先前推測目擊者沒反應是出於冷漠或無感，這些學生卻似乎不是這樣——他們明顯受到很大的驚嚇，雙手發抖、掌心出汗。

人多不如人少

研究團隊證實，面對緊急事件時，不僅團體的反應低於個人，而且還跟目擊者人數成反比。旁觀者愈多，有人伸出援手的可能性就愈低。

達利和拉塔內推斷，當只有一個人目擊緊急事件時，因為只有這個人能幫忙，所以他會有壓力，覺得要採取行動。但當目擊者不只一人時，這種壓力就被分散了，每個人都假設其他人會採取行動，或是擔心自己如果插手，搞不好會給其他更能勝任的人幫倒忙。

這種情況的科學背景也很重要，因為和米爾格倫實驗一樣（見78頁），也有受試者表示他們擔心會擾亂或打斷實驗。

學者：
羅伯特・羅森塔爾（Robert Rosenthal）、蕾諾・傑克布森（Lenore Jacobson）
學科領域：
社會心理學
結論：
高度的期望能帶來較佳的結果

心想就能事成嗎？

畢馬龍效應與自我應驗預言的力量

關於自我應驗預言（self-fulfilling prophecy），有許多軼事流傳。例如有一群年輕人喜歡一起去打保齡球。如果他們「預知」麥特當晚會技壓群雄，麥特就真的會打得很棒，但如果他們「預知」傑克隔天晚上會表現失常，他就真的怎麼打都打不好。只是，有沒有任何科學證據能夠支持這種迷信？

1963年，舊金山的一位小學校長蕾諾・傑克布森在讀了哈佛大學心理學家羅伯特・羅森塔爾的一篇文章以後，主動與他取得聯繫。他倆都想知道，像學童的學業表現這麼重要的東西，是否會受到老師的期許所影響？

教室裡

他們選了一間公立小學來做實驗，將它化名為「橡樹小學」。老師把每個年級的學生都分成高、中、低三組。一般而言，程度低的組別中，男生比女生多，墨西哥裔的學生也比較多。分組的依據是每個孩子的的閱讀能力和考試成績。

共有350名學童參與測驗。研究者刻意誇大其辭，說這是「哈佛學習變化測驗」（Harvard Test of Inflected Acquisition），並告訴老師這是專為預測哪些孩童即將「突飛猛進」而設計的。

其實這只是佛氏一般能力測驗（Test Of General

Ability；簡稱TOGA），透過語文能力和推理能力來測驗智商。例如，在某個級別，孩童會看見一件西裝外套、一朵花、一個信封、一顆蘋果和一杯水的圖片，接著必須用蠟筆圈出「可以吃的東西」。

選出「潛力種子學生」

研究者並沒有將測驗結果告知老師。反之，他們分別從三個組別裡隨機選出五分之一的學生，並將名單交給各班老師，聲稱經過「哈佛測驗」的評估，這些學生應該會在明年突飛猛進、名列前茅。此外，他們也特地要求老師不要向學生或家長透露測驗的事。

結果

一年後，他們再次讓所有的學童接受相同的智力測驗。六個年級的學生智力都進步了。大家平均進步了超過8分，但潛力種子學生的表現又遠遠優於同儕。他們平均進步了12.2分，比其他人高出3.8分。但這樣的效果幾乎僅限於一、二年級生，其中有21%的潛力種子學生智商分數

年級	控制組學生		潛力種子學生		
	人數	分數增加	人數	分數增加	成績差異
一	48	+12.0	7	+27.4	+15.4
二	47	+7.0	12	+16.5	+9.5
三	40	+5.0	14	+5.0	0
四	49	+2.2	12	+5.6	+3.4
五	26	+17.5	9	+17.4	-0.1
六	45	+10.7	11	+10.0	-0.7
總和	255	+8.4	65	+12.2	+3.8

提升了30分，非種子學生則只有5分。

效果只限於一、二年級生，可能是因為老師對年紀最小的孩子具有最大的影響力。他們可塑性較高、較能夠改變，也可能他們在學校的表現尚未有明確的定位。

不同組別的學童表現並沒有顯著的差異，低、中程度組別的學童，表現跟高程度組別的學童一樣好。女孩在推理測驗的成績略優於男孩：在潛力種子學生當中，女孩的成績比非種子學生高出17.9分這麼多，但男孩的表現卻比平均分數還要差。

結論

羅森塔爾和傑克布森觀察到的這種現象，後來被稱為「畢馬龍效應」（Pygmalion effect）。當老師預期某些學童有較好的發展時，他們就真的變得更優秀，這「顯然是一種自我應驗的預言」。

但為什麼會有這種效果？也許是老師對待潛力種子學生的態度不同，或是對他們投入更多的關注，不自覺地以各種方式鼓勵這些學生積極進取。

有趣的是，這項研究的靈感據說是來自一匹會表演的馬。20世紀初，有一匹被稱為「聰明漢斯」（Clever Hans）的馬聲名大噪，因為牠似乎會閱讀、拼字、進行簡單的心算。例如，要求牠計算3+4時，聰明漢斯就會踏蹄七次。

心理學家奧斯卡‧芬斯特（Oskar Pfungst）對這個案例進行了透徹的研究，結果認為這隻動物八成是受到了觀眾潛意識反應的引導。當牠踏蹄的次數符合正確答案時，觀眾的反應會出現變化，這時漢斯就知道不要再踏了。

嬰兒在「陌生情境」裡會怎麼做？

嬰兒的分離焦慮

1970年

學者：
瑪麗・D.沙特・安沃斯
（Mary D. Salter Ainsworth）、席維雅・M.
貝爾（Silvia M. Bell）

學科領域：
發展心理學

結論：
嬰兒在探索周遭世界
時，需要母親的存在，
作為一種安全的基地。

　　哈利・哈洛飽受爭議的母嬰依戀實驗（參閱第64頁）顯示，有一個柔軟的、母親般的角色在場時，幼猴會自由探索周遭環境，但若沒有這樣的角色存在，牠們就會變得憂鬱而畏縮。

　　瑪麗・安沃斯和席維雅・貝爾想知道人類嬰兒是否也會有類似行為，因此她們在研究室設置了一個「陌生情境」。房間中央有個很大的空間，還有三張椅子：一張放在房間最遠處，上面滿是玩具，另外兩張則放在門邊，給母親和一位陌生女性坐。嬰兒會被放在房內由三張椅子構成的三角形正中央。接著她們依序進行八段情境，每一個嬰兒經歷的都一模一樣：

　　情境1（M、B、O）：母親（M）和觀察者（O）將嬰兒（B）抱進房間，接著O離開。

　　情境2（M、B，三分鐘）：M將B放下，接著安靜地坐在椅子上，只在B尋求她的關注時才參與。

　　情境3（S、M、B）：陌生人（S）進入房間，安靜地坐著一分鐘，開口與M交談一分鐘，然後逐漸接近B，將一個玩具拿給他。三分鐘後，M悄悄離開房間。

　　情境4（S、B，三分鐘）：如果B能夠開心地玩，S就不參與。如果B沒有動作，S就嘗試用玩具吸引他。如果B看起來焦慮不安，S就想辦法轉移他的注意力或安撫他。如果安撫無效，情境就必須提前結束。

情境5（M、B）：M進入房間，在門口稍微停留一下，讓B有機會做出自發的反應。S悄悄離開。一旦B重新投入遊戲，M就再次離開，但這一次會先停一下，向B說「拜拜」。

情境6（B獨處，三分鐘）：嬰兒被單獨留在房間裡，但若他表現得太過痛苦不安，情境就必須提前結束

情境7（S、B，三分鐘）：S進入房間，所有行為都與情境4相同。若B表現得過於焦慮不安，就必須提前結束

情境8（M、B）：M回到房間，S離開。充分觀察母嬰重聚的情況後，整個實驗就此結束。

她們共測試了56個嬰兒，全都11個月大，全都由「中產階級白人父母撫養」。觀察人員透過單向鏡觀察，並進行記錄。

探索行為

研究者特別想知道，嬰兒會爬行多遠（「移動」）、玩玩具到什麼程度（「操作」），以及如何觀察玩具和周遭環境。

當陌生人在情境3進入房間時，嬰兒所有形式的探索行為都驟然減少。母親回到房間後，他們會重新開始觀察、玩玩具，但在情境4和7中，陌生人都無法讓嬰兒的這些活動增加。事實上，探索行為在情境7降至最低，但也有可能是因為到了那個時候，他們已經

累了，也對房間失去了新鮮感。

在情境2中，嬰兒會花很多時間看著玩具，只偶爾轉頭看看母親，確定她還在那裡。但到了情境3，嬰兒會花比較多時間看那個陌生人。

哭泣、緊抓不放、抗拒接觸

嬰兒很少在情境2哭泣，這意味著陌生情境本身並不會讓嬰兒太緊張。嬰兒在情境4母親離開時會哭泣，情境5比較不哭，到了情境6則哭得更厲害，陌生人在情境7也無法改善。這種現象暗示，最讓嬰兒痛苦不安的是母親不在，而不是獨處本身。

在情境2、3中，嬰兒只是稍微抓著母親，但經歷過情境5、尤其是情境8的分離與重聚之後，緊抱母親不放的表現就變得急切許多。

有些嬰兒拒絕與人接觸，特別是陌生人。這可能是因為害怕陌生人，但安沃斯和貝爾認為，比較大的可能是因為嬰兒生氣媽媽離開。

結論

嬰兒通常是依戀母親的。當母親在房裡時，嬰兒會主動接近新的事物、探索它們，在這項研究裡就是如此。陌生的情境並沒有嚇到嬰兒，他們也沒有緊抓著母親不放。但母親離開時，嬰兒的探索行為就減少了，並且表現出更多的依戀行為，包括哭泣、尋找。

研究者寫道：「沒有分離的威脅時，嬰兒通常能將母親當作一個安全的基地，四下探索。只要她在，就算面對陌生的情境，他也不會感到驚恐。」

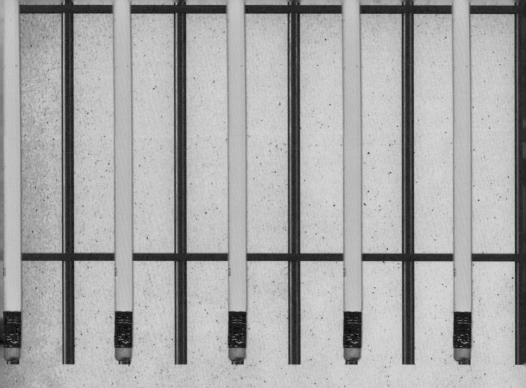

第五部：認知革命
1971-1980

德國科學家烏里克‧古斯塔夫‧奈瑟爾（Ulric Gustav Neisser）在1967年的著作《認知心理學》（Cognitive Psychology）中，對行為主義的典範（paradigm）提出質疑，使其他心理學家也開始思考這個問題。

他們開始意識到，想真正了解人類，就必須探討人類的心智。不久後，「認知心理學」這個標籤就開始涵蓋知

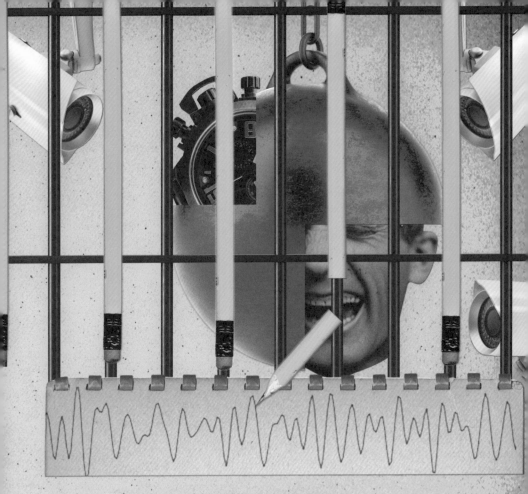

覺、語言、注意力、記憶，以及思想。這不是什麼嶄新的
事，但如今時機似乎已經成熟，可以讓「認知」滲入心理
學的每一個範疇，並改變研究的方式。

　　彼得·華森的卡片戲法巧妙地揭露了我們判斷真假
的方式。伊莉莎白·洛夫托斯的虛假記憶研究，在往後的
數十年裡激發了更進一步的研究。丹尼爾·康納曼和阿莫
斯·特沃斯基則讓我們知道我們為何會做出錯誤的決策。

學者：
菲利普・津巴多（Philip
Zimbardo）
學科領域：
社會心理學
結論：
讓參與者展現出殘酷或暴
力行為的，是嚴苛的監獄
環境，不是他們本身的個
性。

好人會變壞嗎？

情境對行為的影響與史丹佛監獄實驗

　　菲利普・津巴多曾與同為紐約人的史丹利・米爾格倫
（參閱第78頁）同時就讀於詹姆斯・門羅高中。取得博士
學位後，他輾轉任教於耶魯大學、紐約大學以及哥倫比亞
大學，最後來到史丹佛大學繼續教書，並在此展開他最有
名的實驗。

　　津巴多對監獄中傳出的暴行很感興趣，想深入探討囚
犯是否生來就有暴力傾向，而成為獄卒的人是否天生就很
霸道、甚至有虐待狂？還是說，這些特質純粹是被監獄的
環境催生誘導出來的？

建造臨時監獄

　　津巴多在地方報紙上刊登廣告，招募男性志願者參與
有關監獄生活的心理學實驗。他面試了70個報名者，選出
24名來自中產階級的健康男大學生，告訴他們實驗將耗時
一到兩週，每天可以獲得15美金的報酬。其中一半的人被
隨機指派為囚犯，另一半的人則扮演獄卒。

　　同時，實驗者也諮詢專家（包括一位曾入獄服刑17年
的男性），然後在史丹佛大學心理學系的地下室打造了一
所「監獄」。監獄內有三個房間，每間大小都只能勉強放
下三張床，厚重的房門以鐵條製成，各自標上牢房號碼。
走廊成了「運動場」，還一個小衣櫥被當作禁閉室，稱為
「洞穴」。

想上廁所時，囚犯必須先徵求允許，接著被蒙上雙眼，在獄卒引導下穿越走廊。房間裡都裝了竊聽器，牆上則有小孔，可以透過它錄下實驗過程。

每名「囚犯」都會經歷下面的程序：在家中被「逮捕」，宣布罪名，宣讀法律權利，然後在目瞪口呆的鄰居注視下，呈「大」字形趴在警車上被徹底搜身，戴上手銬。到了「監獄」，囚犯又會被搜一次身，衣服被脫光，然後噴灑除蝨噴霧——這個程序是專門設計來製造羞辱感的。接著囚犯會領到一套制服：一頂毛線帽，一件全天都得穿著的連身罩衫，前後都印著專屬的囚犯編號，沒有內衣褲。此外，右腳踝還得鎖上一條沉重的鏈子。

上圖：發給獄卒的卡其制服與深色墨鏡。

羞辱

真正的男性囚犯不穿連身洋裝，但他們確實感到被羞辱。津巴多希望能在短時間內達到類似的效果。在真正的監獄裡，囚犯必須剃光頭，因此津巴多使用毛線帽來代替。腳鏈能隨時提醒囚犯所處環境的壓迫感，而且通常會讓他們夜間無法安眠。

獄卒則領取卡其制服、深色墨鏡、哨子和警棍，但沒有受到特定的指示或訓練。

實驗開始時，共有九名囚犯，獄卒也是九人，輪班

工作，每班八小時，各有三人值勤。第一天的凌晨2點30分，囚犯被震耳欲聾的哨聲吵醒，進行第一次「點名」，往後還會有很多次。有些囚犯還沒完全進入角色，所以拒絕接受獄卒的管教，結果獄卒還以顏色，命令他們做伏地挺身，還站在他們背上，讓任務更加困難。

囚犯的反抗

第一天安然無事，但隔天早上，囚犯群起反抗。他們扯掉毛線帽，躲在牢房裡，用床鋪把門卡住。獄卒用滅火器朝他們噴灑冰冷的二氧化碳氣體，藉此制伏囚犯。接著獄卒把他們的衣服脫光，移走床鋪，再把帶頭反抗的人關進禁閉室。

接著，獄卒決定透過心理戰奪回控制權。他們選出三個反抗性最低的囚犯，讓他們住進有床鋪的房間，給他們吃特別的食物，其他人只能看。其他囚犯因而對這三個享有特殊待遇的人心生怨念，也開始將自己大部分的挫折感和怒氣發洩在彼此身上，不再針對獄卒。

同時，獄卒也變得更加高壓，連最微不足道的權利都不允許，有時還不准囚犯去上廁所，只給他們一個水桶，命令他們在牢房裡便溺。臭氣變得讓人難以忍受。

36個小時內，就有一名囚犯表現出急性的情緒問題。實驗者雖然也已經開始變得像典獄長，原本還不相信這個囚犯真的有麻煩，但他們最後還是同意讓他退出實驗。

隨著日子一天天過去，獄卒變得愈來愈粗暴殘忍，尤其是晚上他們以為沒有人在看的時候。而原本挺身對抗獄卒的囚犯則逐漸情緒崩潰。有個人甚至全身冒出了紅疹。根據津巴多的說法，到了實驗尾聲，「無論是以群體還是個體而言，他們都已經分崩離析。不再有任何團結意識，只有一個個孤立的人，苟延殘喘。」

終止實驗

情況愈來愈糟，因此津巴多只好在第六天提前終止實驗。所有的囚犯都很開心，但獄卒卻不樂見。兩個月後，一名囚犯寫道：「那時候，我開始覺得自己在喪失自我……因為那個監獄是我的牢籠；它現在依然是我的牢籠。」

津巴多寫道：

> 觀察這個模擬監獄六天之後，我們就能看出監獄如何將囚犯去人性化（dehumanize），把他們變成行屍走肉，讓他們日漸絕望。至於獄卒則讓我們發現，正常人其實很容易就能從大好人變成邪惡的壞蛋。
>
> 現在的問題是如何改變我們的監獄，讓它們可以發揚而不是摧毀人類的價值。

1971年

學者：
彼得・華森（Peter Wason）
、黛安娜・沙佩羅（Diana Shapiro）
學科領域：
認知與決策
結論：
我們很難處理抽象問題，但若以具體的形式來呈現，同樣的問題就會變簡單。

你能選出
符合邏輯的答案嗎？

華森的選擇作業：具體的抽象推理

試試這個邏輯問題：

「每一張卡片都有一面是彩色的，另一面則印著一個數字。所有的藍色卡片背面的數字都是偶數。」要確認以上敘述是否為真，你需要翻開哪些卡片？

請注意，有至少70%的人都答錯了。你會翻開哪些卡片？

彼得・華森想知道人類如何解決邏輯問題，因此在1966年首度出了一些像這樣的題目。他說明如何以純邏輯的方式來處理，你可能會覺得有用，也可能覺得沒用。

在上面的例題中，p代表卡片上的藍色，q代表數字為偶數。也就是說，p在第一張卡片為真、在第二張卡片為假；而q在第四張卡片為真，但在第三張卡片為假。

因此，你必須翻開藍色的卡片，確認背面是否為偶數。另外，你也要翻開標示數字3的卡片，因為這張卡片

是q為假的狀況——3並不是偶數。翻開數字為8的卡片並沒有用，因為無論它的另一面是藍色還是粉紅色（或黃色，或任何其他顏色），都不會違反規則。

所以正確的答案是翻開藍色的卡片以及標示3的卡片。

華森和沙佩羅讓學生接受共24組像這樣的測驗。他們只答對7題（29％）。學生太過專注於驗證規則，反而忽視了否證（falsification）的可能性。換句話說，他們沒有注意到，若翻開q為假的卡片，就有可能否證規則。

研究者想知道，如果把這個題目以比較貼近真實世界的方式呈現，是否會更容易解決？因此他們設計出名為「專題」的題目。他們把32個大學生分成兩組。「抽象組」的學生接受跟上面類似的測驗：共四張卡片，一面是數字、一面是英文字母。呈現出來的是D、K、3、7。規則是：「每一張印著D的卡片，背面都是3。」要翻開哪些卡片，才能確認敘述是真是假？

你能解答嗎？答案在本章末。

另一方面，實驗者告訴「專題組」學生，她在某些日子走了四趟旅程，並聲稱自己每一次去曼徹斯特都是開車。她以四張卡片代表她的四趟旅程，每張卡片都是一面寫城鎮的名稱、另一面寫交通方式：

要翻開哪些卡片，才能驗證她的說法？

曼徹斯特	里茲	火車	汽車

結果

　　抽象組平均只答對兩題（12.5%）。專題組的表現則好
得多，答對了10題（62.5%）。實驗者的結論是：主題性的
題目較容易答對，因為這類題目處理的是具體的東西，不是
抽象的字母與數字，而且單詞與單詞之間有所關連，例如都
與旅遊或真實生活中可能出現的情境有關。

　　但最簡單的一題，是你出去喝酒時常會遇到的這種情
境。假設你在一間酒吧裡，所有未滿21歲的人都禁止喝啤
酒。每張卡片都代表一個酒客：

　　你要翻開哪些卡片，才能知道這四個人有沒有守法？這
題應該很簡單。

　　結論似乎是：當這類問題跟社會服從有關時，我們就能
輕鬆解答。這或許是因為我們比較熟悉社會情境，也可能是
因為我們的大腦已經演化成比較擅長解決社會問題，而不是
抽象問題。

　　正確答案：標示D和7的卡片；標示曼徹斯特和火車的
卡片；標示啤酒和17的卡片。

有病、沒病，
精神科醫師說了算？

羅森漢恩實驗與「精神病院裡的正常人」

1973年

學者：
大衛・L. 羅森漢恩
（David L. Rosenhan）
學科領域：
社會心理學
結論：
某些精神病院內的專家，
無法分辨正常人與真正患
有精神疾患者之間的差
異，並有嚴重的去人性化
（dehumanization）表現

　　1973年，美國心理學家大衛・L.羅森漢恩發表了〈精神病院裡的正常人〉（On Being Sane in Insane Places），詳細描述他對精神科診斷效度的研究。羅森漢恩說服八個精神完全正常的人到美國各地不同的精神病院就診。這些「假病人」包括一個心理系學生、三位心理學者、一名小兒科醫生、一名精神科醫生、一名畫家和一位家庭主婦，共三位女性、五位男性。他們全都使用假名，而在心理健康領域工作的人也報上假的職業。

幻聽

　　首先，假病人打電話到醫院預約。他們只說自己有幻聽的症狀。他們形容那些聲音通常聽不清楚，但說的似乎都是「空虛」、「空洞」和「砰」。除此之外，關於生活、家庭、感情關係等，他們說的都是實話。

　　所有的假病人都立刻被接納入院，這個現象令人憂心。入院後，他們都沒有再表現出任何不正常的跡象。當醫院工作人員問他們感覺如何的時候，他們都說很好，也沒再聽見奇怪的聲音了。他們都很想出院，而護士的報告也都寫說這他們「友善」、「配合度高」，且「沒有展現任何不正常的跡象」。他們接受施藥，但都沒有吞下去。他們總共被施予多達2100片各式各樣的藥物，只是全都被他們扔進馬桶裡沖掉，他們也經常在馬桶裡看見真正的病人丟棄的藥片。然

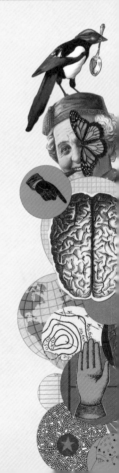

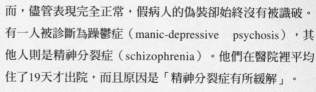

而，儘管表現完全正常，假病人的偽裝卻始終沒有被識破。有一人被診斷為躁鬱症（manic-depressive　psychosis），其他人則是精神分裂症（schizophrenia）。他們在醫院裡平均住了19天才出院，而且原因是「精神分裂症有所緩解」。

這個標籤揮之不去，而且跟隨了他們一輩子。

做筆記

假病人花很多時間記錄他們的經驗。他們一開始是偷偷進行，但沒過多久，他們就發現院內的工作人員根本不感興趣，從來不會去翻看那些筆記。所以他們後來就經常在交誼廳裡公然書寫。有個護士每天都在假病患的病例記錄上註明他「沉迷寫作」。這顯然也被認為是精神分裂的症狀之一。

在醫院裡，工作人員和病患都被嚴格地隔離開來。工作人員有自己的活動空間，包括食堂、廁所、集會交誼廳等。假病人把那一個個玻璃隔間稱為「籠子」，並指出工作人員平均只有11.3%的時間會出來。

而即便是出來了，他們也極度不願意跟病人多說兩句。如果假病人過去問他們問題，例如：「不好意思，X醫生，我大概什麼時候能出院呢？」最常得到的回應是：「早安，戴夫。你好嗎？」然後也不等對方回答就走掉。

羅森漢恩鮮明地描述了這種「去人格化」（depersonalization）的情境：「到處都充斥著無力感。一住進精神病院，患者就失去了許多法律權利……幾乎沒有個人隱私。任何工作人員拿著任何理由都能進出病房、檢查

病患的所有物……病患的個人衛生與垃圾處理都經常受到監控。廁所可能連門都沒有。」

真病人揭穿假病人

　　儘管工作人員始終沒有發現他們是假裝的，但院中的其他病患卻識破了。前三個人入院時，就有三分之一的院內病患起了疑心。看到假病人做筆記之後，有些患者甚至說出這樣的話：「你沒瘋。你是記者吧？還是教授。你是來檢查醫院的。」

　　羅森漢恩寫道：

　　病人往往比工作人員更能看出誰是正常人，這個事實揭露了重大的問題。醫生未能在假病人住院期間發現他們其實沒病，可能是因為醫生……寧可判定沒病的人有病……也不願判定有病的人沒病……將有病的人誤診成沒病，顯然比把沒病的人誤診成有病來得危險。兩害相權，寧願過份謹慎也不要不夠謹慎，即使是面對健康的人，都要料想他們有病。

　　每當已知的資訊跟需要知道的資訊比值趨近於零時，我們往往會去編造一些「知識」，以為自己懂了什麼，但實際上並非如此。我們似乎無法承認自己就是不知道。對於行為與情緒問題，鑑別與補救的需求十分迫切。但……我們還是持續給病患貼上「精神分裂」、「躁鬱」、「精神失常」等標籤，彷彿透過這些字眼，我們就抓住了理解的本質。事實是，我們長久以來都心知肚明：診斷經常是沒有用也不可靠的，但我們還是繼續使用。如今我們更是知道，我們根本無法分辨誰有瘋、誰沒瘋。

學者：
馬克・R.列波爾（Mark R.
Lepper）、大衛・格林（David
Greene）、理查・E.尼斯伯特
（Richard E. Nisbett）

學科領域：
社會心理學

結論：
獎勵會降低孩子對某些活動天
生的興趣。

賄賂兒童
會造成反效果嗎？

好寶寶貼紙帶來的問題

在學校裡，孩子常會獲得好寶寶貼紙或其他外在酬賞（extrinsic reward）；這些獎勵其實有可能造成反效果，降低孩子的熱情：「我做這題算數是為了得到獎勵」——而不是因為它很有趣或很好玩。

列波爾及同事決定在史丹佛校園內的一間幼兒園測試這個理論。他們選出一群原本就對繪畫有興趣的中產階級白人小孩，將他們隨機分為三組。實驗者事先告訴A組的孩子，他們會得到一張漂亮的「表現優異」獎狀，上面有金色星星和紅色緞帶裝飾，並寫上孩子的名字和學校名稱。B組的兒童在完成繪畫以後也收到一樣的獎勵，但事先並不知情。C組則完全沒有獎勵。

第一階段實驗

每一場試驗都只有一名孩童被帶進房間，實驗者再邀請他用一套彩色螢光筆作畫，孩子平常是不會拿到這種筆的。如果孩子屬於A組，實驗者會先拿出獎品樣本，說他畫完以後就可以得到一份。若是其他兩組的孩子，則直接

請他們開始畫畫。

六分鐘後，實驗者出面打斷繪畫活動。如果兒童屬於A組或B組，實驗者就會拿出一張「表現優異」獎狀，寫上孩子和學校的名字之後頒發給他們。接著實驗者再和孩子一起把獎狀釘到一面特殊的「榮譽榜」上，「這樣才能讓大家知道你的表現有多棒」。

第二階段實驗

一週後，研究者開始進行第二階段的實驗。首先，老師拿出那組特殊的筆，和白紙一起放在一張六角形的小桌子上。教室裡也準備了其他的活動用具，包括積木、畫架、家家酒玩具，有時也有黏土。孩子進入教室後，可以自由選擇想玩什麼。第一個小時內，觀察人員都透過單面鏡，仔細觀察孩子在六角桌上的活動。

最後，共有51名兒童（19名男孩、32名女孩）完成實驗。其中A組18人、B組18人、C組15人。

結果預測

研究者預測，獎勵會降低孩子對任務的興趣。實驗結果完全支持了這個看法。事先得知會得到獎勵的A組兒童，後來對用彩色筆畫畫的興趣低了很多。事實上，他們花在繪畫的時間大約只有其他人的一半。男孩和女孩的表現沒有顯著差異。

B組和C組的兒童對用彩色筆畫畫的興趣，則比實驗前還要稍微高一些。

有三個評審為孩子在實驗中所畫的作品評分，分數從1到5，評審並不知道這些畫作分別屬於哪個組別的

孩子。A組的平均分數為2.18分，B組2.85分，C組2.69分。也就是說，事先得知能夠得到外在酬賞的A組兒童，作品明顯不如其他人。

如何形成誘因

研究者總結，他們的實驗：

……對某些情境有重要的實質意涵：在這些情境裡，外在誘因被用來提升或維持孩童對活動的興趣，但這些活動是他們原本就有興趣的。我們認為，這種情境常見於傳統教室內，教育者會把外在酬賞系統（分數、好寶寶貼紙、特權的授與等等）應用在全體學童身上。

我們在學校要求孩童嘗試的活動，其實很多都是至少部分兒童原本就有興趣的。這項研究暗示，把外在酬賞系統運用在這些活動中，會破壞孩子對活動的固有興趣，至少在那些原本就有興趣的孩子身上是如此。

你的記憶有多精確？

虛假記憶與錯誤訊息效應

1974年

學者：
伊莉莎白・F.洛夫托斯
（Elizabeth F. Loftus）

學科領域：
記憶

結論：
我們對事件的記憶，可能
會被事後接收的訊息影
響。

你認為自己的記憶是準確而不變的嗎？若是如此，你八成錯了。如果有人說：「那是我親眼看到的」，人們通常都會相信。然而，從你目睹事情發生到你轉述給他人聽的這段時間裡，你的記憶很可能已經有了很大的變化，尤其是相關人士問你一些誘導性問題的時候。

伊莉莎白・洛夫托斯教授發現，當她設計了某場事件，並在事後詢問當事人時，每個人對事件的描述都各有不同。這種現象在交通事故後十分常見，目擊者對事件的說法，常常都不一樣。

法庭上的目擊證人

目擊證人在法庭上犯下錯誤，可能造成嚴重的後果。1973年有個例子：17個證人都指認一名男子，說他是射殺警察的凶手。但後來證明，案發當時，他們指認的人根本不在犯罪現場附近。

洛夫托斯解釋，「經歷一場事件時，我們並不是單純地將記憶存檔，需要時再找出來，讀取儲存的記憶。反之，在回想或進行辨認的時候，我們會使用許多不同來源的資訊，在腦中重新建構那場事件。這些來源除了自己對事件的原始認知外，也包括事後受到的干擾。一段時間後，不同來源的資訊可能會融為一體，讓目擊者說不出某個細節是從何得知的。他只剩下一份一體成形的記憶。」

也就是說，大腦在接收了對事件的真實經驗之後，會自行建構出一段合理的故事情節，來解釋個人認為發生過的一切。事後，如果接收到其他資訊或暗示，大腦可能會重新建構記憶，好讓它符合新的訊息。洛夫托斯注意到，目擊者的記憶似乎會隨著被問到的問題形式而改變。因此她設計出一項實驗，來研究這種情況有多容易發生。她讓100名學生看一段連環車禍的短片。

引導性問題

看完影片後，學生填寫問卷，其中包括六個關鍵問題：其中三個是關於片中出現過的物品，另外三個則是片中沒有出現的物品。

在半數受試者的問卷上，關鍵問題以下面這種形式呈現：「你有看見一個破碎的車頭燈嗎？」而在另外半數受試者的問卷上，關鍵問題則是這樣：「你有看見那個破碎的車頭燈嗎？」後者的敘述方式暗示有個破碎的車頭燈存在，不論影片中是否真的出現過。當問題以「那個」而非「一個」來表達時，目擊者更容易認為自己看見了影片中其實沒有出現的東西：對於一個不存在的物件，回答「那個」問題的人有15%說自己看見了，而回答「一個」問題的人則只有7%說自己看見。也就是說，光是把「一個」改成「那個」，似乎就真的改變了8%的學生的記憶。另外，「一個」組中有38%的人回答「不知道」，而「那個」組則只有13%。

洛夫托斯還想知道，題目上的其他微小變化是否也會影

響受試者對數字的判斷。她讓45名受試者觀看七段交通事故影片。看完其中一段影片後，她讓某些受試者回答問卷：「當車輛彼此*相撞／猛烈撞擊／衝撞／撞／碰到*時，車速大約有多快？」結果，受試者的答案大異其趣。

受試者對不同詞彙所估計的平均車速	
猛烈撞擊	65.3 公里／小時
衝撞	62.9公里／小時
碰撞	61公里／小時
撞	54.4公里／小時
碰到	50.9公里／小時

記憶的調整

　　另一群學生看了一段相似的影片，然後被問到：當車輛彼此「相撞」或「猛烈撞擊」時，車速大約有多快？一週後，他們又被問到是否有在影片中看見玻璃碎片，雖然影片上根本沒有出現碎玻璃。結果問卷上出現「猛烈撞擊」字眼的學生，說自己有看見碎玻璃的人數，是「相撞」組的兩倍。換言之，光是在提問時稍微改變用字遣詞，似乎就改變了受試者對影片的記憶。

　　洛夫托斯的結論是：

目擊證人不僅估計速度不夠精確，對時間和距離的認定也同樣不準。然而在法庭上，他們時常必須做出數字方面的判斷。事故調查員、警官、律師、記者，以及其他負責訊問證人的人員，都應當時時注意文字中帶有的微弱暗示。在訊問目擊證人時，他描述的不見得是他真正看見的情況。

虛假記憶

　　這種因為事後的暗示或訊息而導致記憶失準的現象，後來被稱為「錯誤訊息效應」（misinformation effect）。洛夫托斯的研究也開啟了往後數十年學者對「虛假記憶」的研究。不論是在法庭、警局還是軍隊裡，審訊人員都很有可能給目擊者植入虛假的記憶，不論是無意的還是刻意的。

1974年

學者：
阿莫斯・特沃斯基（Amos
Tversky）、丹尼爾・康納曼
（Daniel Kahneman）

學科領域：
認知與決策

結論：
當結果未知時，認知偏誤
（cognitive bias）可能會使
我們做出糟糕的決定。

如何做出艱難的抉擇？

「捷思法」與潛在風險評估

　　無法確定結果時，大多數人都會感到難以抉擇，而且
常常做出錯誤的決定。以色列裔心理學家丹尼爾・康納曼與
阿莫斯・特沃斯基展開合作，研究人類行為的矛盾之處。例
如，人們可能會開車穿越大半個城市，只為了在購買15美
元的電話時省下5美元，但如果是為125美元的外套省下5美
元，人們卻不願意這麼做。

捷思法

　　研究者發現，必須為不確定的未來做判斷時，人們往往
會運用「捷思法」（heuristics），也就是心智上的捷徑，只
根據一些簡單、有效的規則來判斷，經常只顧及問題的某一
個層面，忽略其他面向。

　　例如，假設你被告知：「史蒂夫很害羞、內向，總是
樂於助人。他溫順謙和、有條有理，重視秩序與組織，講求
細節。」此外，你又聽說史蒂夫的身分有可能是農夫、銷售
員、機師、圖書館員，或是醫生。你覺得他最有可能是哪一
種？

　　你或許很想回答「圖書館員」。但事實上，農夫的
人數遠多於圖書館員，因此不論個人特質為何，史蒂夫
是農夫的可能性應該更高才對。這就是「代表性捷思法」
（representativeness heuristic，一種經驗法則）。

　　在一項實驗裡，有一群學生聽說了100名專業人士中一
名男子的特徵：「迪克已婚，沒有小孩。他是個能力很強也

很有抱負的人，在他的專業領域裡前途無量。同事都很喜歡他。」

一半的學生被告知這群專業人士包括70名工程師、30名律師；另一半則被告知有30名工程師、70名律師。接著，被問到迪克比較可能是律師還是工程師時，所有的人都回答：機率各半。他們忽略了一個事實：迪克遠遠更有可能屬於人數較多的那個群體，因此機會應該是70-30或30-70才對。

機率有多高？

想想K這個字母。在一般的英文文章裡，K比較有可能是單詞的第一個字母，還是第三個字母？你認為呢？

有152位受試者被問到這個問題，結果其中有105人（69%）說比較有可能是第一個字母。事實上，K出現在第三個字母的機率，通常是首字母的兩倍。問題就在於：要想出K開頭的單詞很容易，但要想出第三個字母是K的單詞就困難多了。L、N、R、V這幾個字母也一樣。這叫「可得性捷思法」（availability heuristic），因為它仰賴的是腦中立刻就能浮現的例子。

回歸平均數

想像一下：有一大群孩童接受了兩次完全等效的性向測驗。若選出在第一次測驗中表現最好的十個人，你八成會發現他們第二次測驗的成績變差了。反之，如果選出在第一次測驗中表現最差的十個人，你會發現他們第二次的測驗成績變好了。這種現象叫「回歸平均數」（regression to the mean），由法蘭西斯・高爾頓（Francis Galton）在19世紀率先提出。

那十個表現最好的人或許真的是班上最優秀的學生，但他們也很有可能只是運氣好，在這一次的測驗中表現較佳。他們其實應該更接近平均值。所以，前十名的表現應該會退步，而最後十名則應該會進步。

研究者指出，忽略這一點可能會造成嚴重的後果：

討論飛行訓練的時候，經驗豐富的教練指出，如果在學員降落得異常平順時予以讚美，他下一次通常就會表現得比較差。反之，如果在學員降落得很差的時候嚴厲批評，他下一次通常就會進步。教練因此得到結論，認為言語上的獎勵有礙學習，但語言上的懲罰卻有幫助，跟公認的心理學學說恰恰相反。這個結論站不住腳，因為它忽略了「回歸平均數」的現象。

美國境內各種死因的死亡機率（百分比）		
死因	受試者估計值	實際機率
心臟病	22	34
癌症	18	23
其他自然死因	33	35
所有自然死因	73	92
意外	32	5
凶殺	10	1
其他非自然死因	11	2
所有非自然死因	53	8

你會怎麼死？

研究者問120名史丹佛大學的研究生，他們認為自己因為各種原因而死亡的機率各是多少？這份表格列出了他們答案的平均數字。

他們稍微低估了自然死亡的機率，並大大高估了非自然死亡的機率。看來，他們似乎太過擔心意外和謀殺事件，對自己的健康則可能不夠擔心。

特沃斯基和康納曼的結論是：「分析一個人所運用的捷思法……或許可以讓我們知道他在判斷的時候是傾向於高估還是低估。我們認為可以運用這樣的分析，來減少人類面臨不確定狀態時常會做出的錯誤判斷。」

繼特沃斯基和康納曼的廣泛研究之後，學者又對人類偏誤（human bias）進行了大量的研究。

純粹的恐懼
也可以是性感的嗎？

高度焦慮下增強的性吸引力

1974年

學者：
唐納‧G.達頓（Do-nald G. Dutton）、亞瑟‧P. 艾隆（Arthur P. Aron）

學科領域：
實驗心理學

結論：
身體對於恐懼與性興奮的反應，確實存在著關連性。

當你害怕時，會不會覺得可能的交往對象變得更加迷人？你能分辨性興奮與純粹的恐懼嗎？

有證據顯示，性興奮跟強烈的情緒有關，甚至會因強烈的情緒而增強。這就是為什麼我們會帶伴侶去搭危險的雲霄飛車、看恐怖電影。事實上，我們可能根本分不清這些情緒。

卡皮拉諾吊橋

研究者唐納‧達頓與亞瑟‧艾隆設計出一種高明的方式，來探討恐懼與性興奮之間的關係。他們在加拿大北溫哥華的卡皮拉諾河上找到兩座橋。其中一座是控制組的橋，寬闊、堅固、用雪松木打造而成，兩側的扶手很高，距離下方的小溪3公尺遠。另一座則是實驗組——卡皮拉諾峽谷吊橋。橋身長而狹窄，由一片片吊在鋼索上的木板構成，懸在一道湍急的激流上空70公尺處。兩側的扶手很矮，而且行人走過去時，橋身還會搖搖晃晃。很多人過吊橋時都小心翼翼地慢慢前進，緊緊抓著扶手。

受試者都是目測年齡在18到35歲之間的男性，剛好要過橋，而且身邊沒有女伴。

採訪者在受試者過橋的時候靠近，說自己在進行心理學實驗，想請他幫忙填寫一份短短的問卷。第一頁是一

些基本問題，例如年齡、性別、教育程度、過去是否曾造訪這座橋等等。第二頁要求受試者根據一張圖片寫下一則精彩的小故事，圖中是個年輕女子，一隻手掩著臉、另一隻手向外伸出。

隨後，研究者以與「性」相關的內容為標準，為這些故事評分。1分代表完全不包括性相關內容；3分代表故事中進展到接吻；若提及任何性交方面的情節，則會得到5分。

性感的採訪者

受試者完成問卷以後，採訪者向他道謝，並提議有空的時候再為他詳細說明實驗內容。採訪者留下電話號碼，並表示若想進一步討論，歡迎他們來電。

你認為，採訪者的性別會造成哪些不同的結果？採訪者都是學生，有男有女。他們找上的男性大部分都同意填寫問卷，尤其當採訪者是女性的時候。

結果顯示：第一，當採訪員是女性時，男性參與的意願比較高。第二，在令人害怕的吊橋上進行採訪，似乎讓

採訪員	同意參與實驗的人數	收下電話號碼的人數	事後打電話的人數	故事的性感度
男性—控制組	22/42	6/22	1	0.61
男性—實驗組	23/51	7/23	2	0.80
女性—控制組	22/33	16/22	2	1.41
女性—實驗組	23/33	18/23	9	2.47

女性採訪員顯得更有魅力。受訪的男性絕對是興奮了。他們不只寫出比其他人更激情的故事，後來打電話給女採訪員的人數也多出許多。

這意味著恐懼與性興奮之間絕對存在著關連性，或者換個方式說，你無法分辨在你體內流竄的腎上腺素，究竟是由性興奮還是純粹的恐懼所引起的。

1975年

學者：
威廉‧R.米勒（William
R. Miller）、馬丁‧史利曼
（Martin Seligman）

學科領域：
行為心理學

結論：
覺得自己對負面事件無能
為力，可能會導致憂鬱
症。

狗會憂鬱嗎？

習得的無助與憂鬱

　　與實驗心理學家理查德‧L.所羅門（Richard L. Solomon）共事期間，研究生馬丁‧史利曼開始進一步研究巴夫洛夫的狗（參閱第19頁）的相關理論。他把一隻狗放進箱子裡，箱子被一道低矮的隔板分成兩半，高度大約在狗的胸部。過了一會兒，狗會被施予短暫的電擊，然後又一次，接著再一次。如果牠跳過隔板跑到箱子的另一側，電擊就會停止。接著電擊又在這一側出現，狗必須再跳回原來那一側，才能終止電擊。

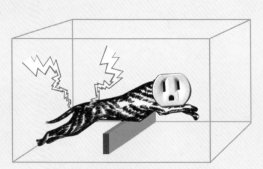

　　沒多久，狗就學會一感受到電擊就立刻跳過隔板。這被稱為「操作制約」。

　　接著，史利曼讓另一群狗承受間歇性的電擊，但無論牠們如何移動，都無法躲開。當他將這些狗放進有隔板的箱子時，牠們始終沒有學會跳過隔板。牠們只會站著或趴著不動，等待電擊停止。第三組狗則完全沒有經歷過電擊，牠們進入箱子後，很快就學會跳過隔板。

習得的無助

　　史利曼得到結論，認為無法控制的電擊在第二組狗身上造成了「習得的無助感」（learned helplessness），因為牠們發現，牠們不管做什麼都無法控制電擊，所以何必白費力氣？即使實驗者將隔板移除，並在另一側放上食物，這些狗也無動於衷。

史利曼寫道：

當實驗者到大籠子裡，企圖把沒有習得無助的狗挪出來
時，牠並不會積極配合。牠會吠叫、跑到籠子最深處，
拒絕被觸碰。相對之下，已經習得無助的狗似乎萎靡不
振，牠們會被動地倒在地上，偶爾甚至會翻過身、露出
肚皮，擺出順從的姿勢。牠們不會反抗。

人類也一樣嗎？

　　史利曼和米勒也在人類身上發現了類似的現象。在一項
實驗中，他們要求受試者進行心算，同時不斷用噪音干擾他
們。當部分受試者得知他們可以關掉噪音時，他們的表現都
改善了，即使他們往往懶得去關掉它。重點在於他們知道自
己可以關掉噪音，所以他們不再感到無助。

　　研究者也觀察憂鬱者，結果發現他們有時也會展現出跟
無助的狗相似的行為：倦怠、失眠、有不好的預感、頭腦遲
鈍等等。他們提出兩種論點：1.憂鬱症的某些特徵，是習得
的無助所引起的效應；2.憂鬱症患者「相信」自己是無助的。

憂鬱者如何解釋這點？

　　史利曼和米勒主張，憂鬱的人會發展出一種「憂鬱性的
解釋風格」（depressive explanatory style），例如認為「問
題就在於我太沒用。我是個廢物。我一無是處。」愈是「相
信」自己無助，就愈容易變得憂鬱。

　　他們發現，醫院中的憂鬱症患者，比精神分裂症患者
或正常的醫學生更傾向於用這種方式來解釋一切。此外，當
成績不如理想時（例如想拿A卻只得到B、或想拿C卻只拿到
D），一般的大學生只會感到有些失望，但有憂鬱傾向的學
生卻會採取憂鬱性的解釋風格。

當滿心期待的事情沒有發生，或極度糟糕的事情真的發生，但卻束手無策的時候，人們就很可能陷入「無望感的憂鬱」（hopelessness depression）。

不同的無助感

假設有一群人被暴露在無法控制的噪音下，但實驗者卻告訴他們，那噪音是可以控的。他們找不到消除噪音的方法，因此可能會產生兩種想法：噪音根本就無法控制，或者純粹是他們沒有能力去控制。

研究者進一步解釋「普遍性無助感」（universal helplessness）與「個人無助感」（personal helplessness）。假設有一個孩子罹患了白血病，他的父親竭盡所能地想挽回他的生命。結果全都沒有用，因此他逐漸相信自己無能為力，並認定沒有人幫得上忙。最終他放棄了，並且呈現出行為上的無助與憂鬱。這叫「普遍性無助感」。

再假設一名學生非常努力地想把數學學好，不斷研讀、額外補習、聘請家教，卻絲毫不見效，考試還是不及格。她開始相信自己很笨，於是放棄——從此以後，不論是估算購物金額還填寫退稅單，生活中舉凡跟數學有關的問題，對她而言都是一場惡夢。這就叫「個人無助感」。

結論

史利曼和米勒指出，無助感還會造成一種後果：當一個人考試不及格或事業失敗時，如果其他人成功了，他們的自尊心會比相信成功只能靠運氣的人低落。此外，同樣是成績不及格，如果其他人都通過了，那麼不及格的人自尊心會比其他人也同樣不及格的時候低落，因為如果大家都沒過，他就會覺得成績是任何人都無法控制的。

你可以用雙眼傾聽嗎？

讀唇的重要性

1976年

學者：
哈利・麥格克（Harry McGurk）、約翰・麥克唐納（John MacDonald）

學科領域：
知覺

結論：
除了耳朵之外，我們傾聽的時候也會用到眼睛。

讀唇有時會造成誤解。跟人講電話時，你只能仰賴聲音，但與人面對面交談時，你八成會一邊聽聲音、一邊注意對方的嘴唇。讀唇對多數人來說都有幫助，特別是聽力有障礙的人。至於重度聽障者，就只能仰賴讀唇了。

然而，哈利・麥格克注意到一個古怪的現象：說話時，讀唇有時候反而會妨礙聽覺。他看了一段影片，片中有個年輕女性對著鏡頭說話。她發出「吧、吧」的聲音，但影片剪輯師剪接了這段聲音，給它配上她說「嘎、嘎」的畫面。

你覺得你會聽見什麼？麥格克聽見的是「噠、噠」──等到他閉上了眼睛，他才聽見「吧、吧」。但當他再次睜眼看螢幕時，他聽見的聲音又變成了「噠、噠」。他的同事也有相同的經驗。

他們嘗試反其道而行，讓她發出「嘎、嘎」的聲音，但配上「吧、吧」的嘴唇動作。結果他們看著螢幕時，聽見的聲音變成了「吧嘎」或「嘎吧」。

製作影片

麥格克受到這種奇特的現象吸引，於是決定透過一些巧妙的實驗，進行更深入的研究。

為了確認這個發現並將它通則化，他近距離拍攝一名女性，先讓她說「吧、吧」三次，接著是「嘎、嘎」，然後是「啪、啪」，最後則是「咖、咖」，各連續三次。接著他小心翼翼地進行剪輯，製作出四段獨立的影片，如下表所示。

他讓103人觀看剪輯後的影片：有21名學齡前兒童（三、四歲），28名小學生（七、八歲），以及54名成人（大部分是男性）。每個人都獨自觀看影片，並說出自己聽見了什麼。接著讓他們只用耳朵聽、不看嘴唇，再說出這次聽見了什麼。

結果非常有趣。少了嘴唇動作的干擾，大家的聽力是很準確的：幼兒為91%正確，大童為97%，成人則是99%。

影片	1	2	3	4
聲音	吧、吧	嘎、嘎	啪、啪	咖、咖
唇型	嘎、嘎	吧、吧	咖、咖	啪、啪

但當受試者一邊看著嘴唇一邊聽聲音時，他們聽見「錯誤」音節的比率分別有59%、52%以及92%。

麥格克定義出一種「融合型」（fused）的反應：聲音和嘴唇傳達的訊息被轉化成一種新的聲音，跟原本的兩者都不一樣，例如「吧、吧」和「嘎、嘎」合在一起變成「噠、噠」。當聲音跟嘴唇動作結合產生其中一個音的變體時——例如「嘎、嘎」加「吧、吧」變成「吧嘎吧」，他則稱之為「組合」（combination）。

首先，實驗結果顯示，大部分的人都感受到非常相似的效應：98%的成年受試者將「吧／嘎」的組合聽成「噠」，81%的成年受試者將「啪／咖」的組合聽成「他」。兒童則明顯依賴聽覺多於視覺，但仍有超過50%的人得到相同的融合型結果。

成人受嘴唇動作的影響比較大，而只能依賴單一感官時，他們傾向於使用視覺，兒童則傾向於使用聽覺。

結論

麥格克指出，在聽聲音時，母音會為緊接在前的子音提供訊息。他暫時提出以下結論：

> 假設「吧」的音波與「噠」的音波含有相似的波形特徵，但與「嘎」音沒有，我們就能試著解釋上面的其中一組錯覺。當「吧」的聲音與「嘎」的唇部動作同時出現時，視覺方面會包括「嘎」與「噠」的訊息，聽覺方面則有「噠」與「吧」的共同特徵。受試者對視覺與聽覺的共通訊息做出反應，就會產生這個統合過的知覺：「噠」。

這些實驗提醒了我們，人類——尤其是成年人——在不自覺的情況下有多麼仰賴視覺與讀唇。這也是個警惕：當影片的音效不夠好時，我們可能常會受到混淆矇騙。

1978年

學者：
艾多雅多・畢席雅克
（Edoardo Bisiach）

學科領域：
知覺

結論：
大腦創傷可能讓人只看得
見單側的世界。

怎樣才會
失去半個世界？

偏側忽略與單側忽略

　　某些人似乎只能看見面前一半的世界。在中風以後，
很多患者都變得半身不遂或無法正常說話，但也有少數人
出現偏側忽略（hemifield　neglect）或單側忽略（unilateral
neglect）的狀況。也就是說，他們似乎無法察覺存在視野某
一側的東西。

　　如果是右腦受損（這是最常見的情形），那麼患者左側
的世界似乎就消失了。罹患單側忽略的男性往往只會刮右半
邊臉的鬍子，女性則只給右半邊的臉化妝。他們只吃盤子右
側的食物，所以必須有人幫忙把盤子轉過來，他們才能吃完
一餐。

　　畫畫時，他們會把所有的內容都擠到右半邊。所以畫出
來的時鐘可能只有右邊那一半，再不然就是把所有的數字都
塞進右半部，而畫出來的花則可能所有的花瓣都長在右側。

　　患者有時會撞上左側的東西或門框，因為他們忽略了那
一側。

　　這種現象最古怪的地方在於患者並不是真的喪失了左邊
視野的視力。他們能接收左半邊的訊息，但卻無法處理，彷
彿他們只是「忽視」了那些訊息，或者說沒辦法把注意力放
在那些訊息上。

　　若要求患者閱讀單詞，他們可能只會唸出字的右半邊，
或者自己編造出另外一半。例如，閱讀PEANUT這個字時，
他們可能會說出nut或walnut。如果你伸手去握病人的左手，
問他這是什麼，他可能會回答「這是一隻手」。但若問他那

是誰的手，他就可能回答「我不知道。不是我的，所以一定是你的。」所以，大腦會進行「虛談」（confabulation），或編造出一個故事讓一切符合他眼中的事實。

其他實驗也顯示，右半腦可以接收情緒訊息，即便它無法解釋。馬歇爾（Marshall）與哈里根（Halligan）給病人看一張圖片，圖中有兩棟幾乎一模一樣的房子，唯一的差異是其中一棟房子左邊正冒出濃煙與火焰。

患者都說兩棟房子是完全一樣的。但如果要他們選擇其中一棟作為自己的住宅，他們卻會選擇沒有失火的那一棟。他們顯然接收了其中一棟房子失火的情緒訊息，雖然他們的大腦沒有對自己的視覺系統提及這件事。

畢席雅克透過一項巧妙的實驗，證實「忽略」的情況並不限於視覺。在義大利米蘭，每個人都認得米蘭大教堂與前方的廣場。他測試當地的病患，請他們想像自己面對著教堂，描述所看見的景物。

病患能說出位於廣場右邊的所有建築，卻完全沒有提到左邊的景物。接著，畢席雅克又請他們想像自己背對著教堂，再描述一次看見的場景。果不其然，這次他們描述出廣場另一側的所有建築。由此可知，他們其實認識廣場上所有的建築，但不管從哪個角度觀看，他們都會忽略當下位於他們左手邊的景物。

更怪的地方在於，他們受試時並不是站在廣場上，而是以想像的方式進行。所以很明顯，這種只有半邊的世界觀並不僅限於視覺，而是影響了他們心像的每個部分。可以推測，患者中風以前就已經把廣場的全貌儲存在記憶裡，但中風之後，他們只能提取出其中一側的記憶。

第六部：深入意識
1981以後

在1980年代以前，科學界在討論心智問題時幾乎不曾採用「意識」（consciousness）這個詞。意識究竟該如何研究？更難的問題在於，當意識逐漸成為探討主題之後，心理學家就必須面對「真正的難題」——心智與身體似乎是獨立的，但彼此之間又必定有所關連，甚至很可能是同樣的東西。

　　有時候看來，彷彿人類體內有一個「我」，透過雙眼向外觀察這個世界；但我們都知道情況不是這樣。人體內只不過存在大量的神經元，以無數種方式互相連接，處理訊息。科學家開始研究的，正是這無數的組合與途徑。

1983年

學者：
班傑明・李貝特（Benjamin Libet）、寇帝斯・A.葛立森（Curtis A. Gleason）、艾爾伍・W.懷特（Elwood W. Wright）、丹尼斯・K.佩爾（Dennis K. Pearl）

學科領域：
意識

結論：
自由意志或許只是迷思，但我們還是要為自己的行為負責。

你真的是
自己的主宰嗎？

神經科學中的自由意志

我們都認為自己能夠透過意識控制自己的行為；但真的是這樣嗎？1980年代，美國神經心理學家班傑明・李貝特和同事展開研究，請五位右撇子大學生以半躺的姿勢坐在躺椅上，右手臂向前伸出。

等他們安頓好姿勢之後，發出一個音頻，宣告實驗開始，實驗要求受試者一聽到這個聲音，就要在一兩秒的時間內放鬆頭部、頸部和前臂的肌肉。接著，他們可以任意決定在什麼時候，迅速、突然地動手指或手腕，完全自發：「讓想動作的衝動，在任何時間點自然而然地出現，沒有任何事先計畫，也不要專注於開始動作的時間。」也就是說，受試者要憑著自由意志，在任何想要的時候動手腕，並重複40遍。

透過這個實驗，研究者想測量下述三項：

1. 動作開始的時間：由受試者前臂上的電極來記錄；
2. 「準備電位」（Readiness Potential）開始的時間：準備電位是在動作開始前1秒鐘或稍長一點的時間內緩慢累積的負向電位偏移。大腦下達的動作指令會在動作開始的前一刻傳達到手腕肌肉。準備電位即是下指令前的準備，可透過貼在頭皮上的電極測量出來。
3. 決定的時刻：「有意識地覺察到自己『想要』進行某個動作的時刻。」但這是主觀的意識，只有受試者本人

知道這個念頭究竟出現在什麼時間
點，其他人怎麼可能測量得出來？

決定的時刻

如果要求受試者在決定時喊
出「來了」，開口前一定會有一
段遲滯時間，所以這種方式行不
通；而且反射時間也會延遲任何
機械式動作，如按壓按鈕。

所以，研究者採用的測量方
法是在受試者面前放一張屏幕，在
屏幕上投射一個光點，光點每2.5
秒畫一個圈，像時鐘的指針一樣。
同時，屏幕也設計成時鐘面盤的樣
子，有輻射線條和數字1到12，所
以光點從一個數字移到下一個數
字大約是43毫秒。

受試者決定要動手腕的時
候，必須同時說出屏幕上光點
指示的「時間」。事後證明這種測
量方式非常可靠。實驗者曾在受試者的
手背上施加多次微弱的電擊（時間間隔
完全隨機），並要求他們在感受到電
擊時，說出那一刻光點的「時間」位
置，對此受試者表現出一貫的精確
度，而其中的微小偏誤，就用來校正
他們決定動手腕時所回報的時間點。

準備電位

實驗得到的決定時間相差頗大，但平均而言，準備電位大約在肌肉動作前1秒鐘（1000毫秒）左右開始。「進行動作」的決定也比實際動作更早出現。然而，在總共數百次的測試中，毫無例外地，每次都是在準備電位就緒之後，決定才會出現；兩者的時間差約為350毫秒。

換句話說，在受試者「決定要進行動作」前的大約三分之一秒，大腦就已經下達動作指令了。

李貝特和同事寫到，這項研究：

> ……可以得出這樣的推論，那就是其他相對屬於「自發性」的、在沒有意識和事先計畫的情況下產生的自主行為，有可能也是由無意識的腦部活動所引發。這種觀點顯示，個人有意識地開始和控制自主行為的可能性有一定程度的限制。

李貝特的實驗結果指出，我們所謂「有意識的決定」，可能不是引發行為的原因。實際情況彷彿是我們先自發性地做出某個行為，然後才「決定」我們「本來就想要」這麼做。他的研究結果甚至暗示了我們可能根本沒有自由意志。

1985年，李貝特提出進一步的實驗內容，要求受試者在決定行動之後，隨即反對自己的這項決策；這一次，肌肉並沒有動作。這代表我們確實有時間提出否決，在行動開始前加以阻止。

結論

李貝特在結論中特別註明：

必須強調的是，現行的實驗發現與分析結果並沒有排除個人責任與自由意志「在哲學上為真」的可能性。儘管自主意志的過程可能是從無意識的大腦活動開始，但有意識地控制自主行為的實際動作表現，絕對還是有可能的。因此，本研究的發現絕非站在自由意志的對立面，而是對自由意志的可能運作方式提出不一樣的觀點。人類會「有意識地否決」，也就是阻止為行使特定意圖的動作表現，這種概念與某些宗教信仰或人文主義對於道德行為和個人責任的觀點大致相符。拒絕行使自己的意圖，這種「自制力」是普遍受到提倡的。用現在的說法，就是個人能夠有意識地選擇或控制是否要把無意識的腦活動所引發的自主過程真正付諸實行。許多道德戒律（如《十誡》中大部分的內容），都是在訓誡人類「不應該」產生什麼樣的行為。

1984年

學者：
戴安・C.貝瑞（Diane
C. Berry）、唐納・E.
布洛德本特（Donald E.
Broadbent）
學科領域：
認知與決策
結論：
練習、訓練加上有聲思考
法是最佳組合。

熟真的能生巧嗎？

糖廠任務

　　每一次解決問題以後，你都能說得出自己是怎麼辦到的
嗎？貝瑞和布洛德本特想要探討人類如何處理複雜的心理任
務。我們的表現是隨著練習而進步，還是因為訓練而進步？
進步之後，我們說得出自己的方法嗎？

　　本文簡述他們設計的其中一組實驗。

糖廠實驗

　　他們用電腦模擬的情境管理一座虛構的糖廠。問題看
似很簡單：工廠內最初有600名工人，能夠生產6000噸的
糖。受試者的任務是把糖的產量增加到9000噸，並藉由
變動廠內的工人數目，盡可能維持這個產量。

　　其實電腦運用的是虛假的演算法，但受試者並不知情，
只能依靠猜測和直覺來操作。

難題

　　電腦的演算法認定某一批人力（比方說800人）的產糖
量不是固定不變。所以受試者必須隨時控制情況；即使提早
達到9000噸的產量，再次投入同樣的人力時，幾乎每次都會
改變結果。

　　在每一輪製糖程序中，受試者只有固定的「嘗試次數」
，也就是按鍵次數。在有限的嘗試次數之內，每次受試者使
產量維持在8000至1萬噸之間，就得到1分。隨機選擇投入的

人力時，成績是3.4分；所以如果受試者的表現比這個分數高，代表他們一定是掌握到某種控制糖產量的方法。

你想他們的分數會比3.4高嗎？他們多練習幾次會不會進步？

共五組受試者參與實驗。第一組是A組，他們只進行一輪製糖程序，嘗試上限是30次。第二組B組則進行兩輪製糖程序，每一輪各有30次嘗試機會。第三組C組也進行兩輪製糖程序，但在第一輪結束後，他們會接受訓練，得到清楚而仔細的說明，指導他們如何解決問題。第四組D組沒有受訓，但要在第二輪製糖程序中進行有聲思考（think aloud），把他們的處理方式說出來。第五組E組在第一輪製糖程序結束後受訓，並在第二輪製糖程序時進行有聲思考。

結果

A、B兩組的平均分數如表所示。

平均而言，受試者的表現都遠比隨機選取的分數（3.4）更高。另外，B組在第二輪的分數幾乎是第一輪的兩倍，顯示練習確實會讓表現進步；因此他們肯定學到了一些解決問題的方法。

組別	30次嘗試機會得到的分數（最高30次）	
	第一輪	第二輪
A	8.7	-
B	8.6	16.2

說明解決問題的方式

結束製糖程序後，受試者要填寫問卷，說明自己解決問題的方式。

隨後實驗者以1分（最差）到5分（最好）為問卷評分。A、B組在滿分5分中，都只拿到1.7分。也就是說，他們沒辦法說明自己的處理方式。儘管B組在完成任務上有大幅進步，但他們在問卷上的表現卻並未明顯高於A組。另外，請完全沒有實際進行任務的受試者來填寫問卷，分數是1.6

分，幾乎和親身參與、處理過問題的受試者相同。

由此可知，他們一定學到了某些方法，只是無法用語文表達出來。在任務完成後的訪談中，很多人聲稱他們是依據「某種直覺」來處理問題，用他們「覺得對」的方式來反應。

C、D、E組的結果更有趣。因為受試者的嘗試機會上限從30次調整為20次，他們的平均分數較低，但結果還是顯示出練習能夠提升產量，因為第二輪製糖程序的分數全都高於第一輪。但接受訓練對於C組而言，似乎完全沒有幫助；他們在第二輪的分數幾乎和D組一致。

然而，訓練卻對回答問題的能力有驚人的效果：C、E兩組的問卷分數，約是A、B、D組的兩倍——這代表他們確實理解應當如何處理問題。

無論是執行成績的表現，或回答問題的能力，有聲思考法本身都沒有太大的作用；但與訓練結合時，能夠帶來顯著的效果，讓第二輪表現更突出。

結論

1. 問卷無法評估一個人的表現。
2. 口頭訓練可能無法提升表現。
3. 人透過練習可能提升表現，但不見得能夠解釋自己是怎麼辦到的。

組別	20次嘗試機會得到的分數		
	第一輪	第二輪	問卷
C（訓練）	4.7	7.0	3.6
D（有聲思考）	4.5	6.7	1.6
E（訓練+有聲思考）	5.2	13.3	3.4

有人認為直覺是一種神祕的力量，或是某種無法解釋的能力；但透過本實驗可以看出，人在不知道自己學到什麼的情況下還是能學會某種技巧，這是非常正常的現象。當你隱隱然感到不對勁，或做了選擇卻無法說出理由時，你用到的正是這種直覺。

自閉兒眼中的世界 是什麼樣子？

心智理論

1985年

學者：
賽門・拜倫－科恩（Simon Baron-Cohen）、艾倫・M. 萊斯里（Alan M. Leslie）、烏妲・弗瑞斯（Uta Frith）
學科領域：
發展心理學
結論：
自閉症兒童無法「看見」別人的心智。

　　自閉症是罕見疾病，每1萬名兒童中，罹患自閉症的只有4人左右。自閉症兒童在許多方面都與常人不同，最明顯的是溝通困難，語言和非語言兩方面都是，這也是他們很難應對社會環境、無法建立社會關係的主要原因之一。有人形容自閉症兒童「對人類和物件一視同仁」。

　　拜倫－科恩和同事想知道，自閉症兒童是否能夠理解他人的需求、感受或信念——也就是是否擁有一套「心智理論」（theory of mind；TOM）。多數兒童在三到四歲時，開始發展出心智理論。自閉症兒童對「假扮遊戲」（pretend play）毫無興趣，即使是高智商的孩子也不例外。因此研究者預期，自閉症兒童應該沒有心智理論。

　　他們比較20名自閉症兒童與14名唐氏症兒童，和27名無自閉症的學齡前兒童（3歲半到6歲之間）。自閉症組的平均心智年齡高於唐氏症組和一般組的兒童。自閉症組的平均智商為82，唐氏症組兒童的平均智商為64。

實驗

實驗者用兩個娃娃——莎莉和安妮——輪流為每個孩子演出一個小故事；首先在孩子面前為娃娃取名，再問他們哪一個是莎莉、哪一個是安妮。61名兒童都答對了這一題。

接著，他們用娃娃玩遊戲。莎莉把一顆彈珠放進籃子裡，然後離開；安妮把彈珠拿出來，藏在自己的盒子裡。莎莉回來以後，實驗者問孩子一個關鍵的信念問題（Belief Question）：「莎莉會去哪裡找彈珠？」如果孩子指向籃子，則通過了信念問題的考驗，代表他們理解莎莉現在具有錯誤信念（false belief）。然而，如果他們指向箱子，則沒有通過信念問題的考驗，因為這代表他們知道彈珠藏在哪裡，卻無法理解莎莉並不知道的這件事。

接下來，實驗者重複演出整段情節，但這次把彈珠藏進自己的口袋裡。

每一次情境結束後，實驗者都會再問兩個關鍵的問題，包括「現實問題」：「彈珠到底在哪裡？」以及「記憶問題」：「彈珠一開始在哪裡？」所有兒童毫無例外地都答對了這兩個問題，這代表他們知道彈珠當下的位置。也記得它最初的位置。

然而在「莎莉會去哪裡找彈珠？」這個問題上，孩子的回答產生了分歧。一般組的兒童答對率是85%——指向她的籃子——唐氏症組的兒童是86%，但自閉症組的兒童中只有20%答對。

那四名答對的自閉症兒童，與同組內其他兒童並沒有特別不一樣的地方。他們的真實年齡與心智年齡都在平均值。每一個孩子都正確地回答了控制問題，代表他們都理解發生了什麼事，知道（而且相信）在莎莉離開以後，彈

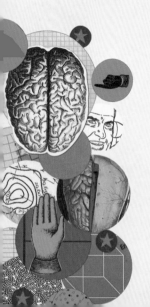

珠被放到別的地方去了。

在回答信念問題時，一般組與唐氏症組的兒童均指向莎莉的籃子。研究者得到下面的結論：

由此可知，他們必定已經理解，自己和娃娃對彈珠所在位置的認知是不同的。也就是說，他們能依據娃娃本身的信念，來推測娃娃會有什麼樣的行為。

另一方面，自閉症組的兒童堅持指向彈珠真實的位置。他們並非隨意選擇一個「錯誤」的位置，而是指向彈珠真正所在的地方……因此，我們認為自閉症的孩童無法理解自己和娃娃對事物的理解是不一樣的。

本研究結果充分支持了自閉症兒童無法運用心智理論的假說。我們對這種情況的解釋是，他們為缺乏表現心理狀態的能力。於是自閉症患者無法「推己及人」，理解他人的信念與觀點，因此在需要預測他人的行為時，處於嚴重不利的位置。

實驗中所展示的認知障礙（cognitive deficit），與智商高低完全無關；這種侷限性的認知失靈（cognitive failure），或許能夠解釋他們無法融入假扮遊戲以及有社交障礙的原因。

另一方面，研究者認為，那四名正確回答信念問題的自閉症孩童（他們在另外兩個版本的故事裡也同樣給出正確答案）或許能夠運用心智理論，因此或許能夠參與假扮遊戲，也或許在建立社會關係時問題會稍微少一點。

後來，莎莉－安妮測試被廣泛用來研究兒童心智理論，以及心智理論與社會互動和同理心之間的關係。

1988年

學者：
藍道夫・C.伯德（Randolph C. Byrd）
學科領域：
社會心理學
結論：
從伯德的實驗數據看來，禱告似乎有正面的效果。

禱告能治病嗎？

代禱研究

你如果生了重病，會希望其他人替你禱告嗎？藍道夫・伯德指出，「透過禱告祈求幫助和康復，幾乎在所有社會中都是很基本的概念，只是禱告的對象因宗教而異。在西方文化裡，為他人向猶太基督教的上帝禱告（代禱），是非常普遍的行為。」

《聖經》對此抱持肯定意見：「亞伯拉罕禱告神，神就醫好了亞比米勒和他的妻子，並他的眾女僕。」（創世紀20:17）；「當時，部百流的父親患熱病和痢疾，躺在床上。保羅就進去為他禱告，按手在他身上，使他痊癒了。」（使徒行傳28:8）。

更近期的還有法蘭西斯・高爾頓在1872年提出，關於禱告對神職人員影響的研究；結果顯示，禱告並沒有帶來任何正面影響。另外他也指出，儘管每到週日，英國都有無數民眾為了皇室成員的健康禱告，然而英國歷任國王與女王，也沒有一個人的壽命顯著高於同時代的重要人物。

但沒有任何科學實證可以說明禱告究竟有效與否，因此伯德著手研究。他徵求舊金山總醫院心臟加護病房中共450名病患的同意，想在他們住院期間為他們禱告；其中393人答應了。

他把這些病患隨機分成兩組，其中192人獲得代禱，另外201人則無人幫他們禱告。無論是他自己，還是病患、醫生、院內工作人員，沒有人知道哪個病患屬於哪個組別。

代禱

代禱人員全都是「重生（born-again）的基督徒，且是活躍的教徒，每日固定虔誠禱告，也是地方教會的活躍團契成員。」第一組的每一個病患都會分配三到七名的代禱員，這些代禱員會得知病患的名字、診斷結果和一般情況。

禱告每日都在醫院外進行，直到病患出院為止。「實驗要求每一位代禱員每天幫病患禱告，祈求快速康復、免於併發症和死亡。」

根據醫院記錄，這些患者共有不下30種症狀，但兩組病患在入院時的整體情況沒有顯著差異。

住院治療後，「如果病患的發病率或死亡風險僅微幅增加，視為情況良好；如果出現較高的發病率和中等程度的死亡風險，則視為情況中等；出現最高的發病率和死亡風險、甚至在過程中過世的病患，則視為情況不良。」

實驗結果

在禱告組中，85%的病患被視為情況良好；控制組則為73%。禱告組中情況中等的人占1%，控制組則為5%。至於情況不良的人，在禱告組中占14%，控制組則為22%。

結論

伯德根據實驗結果，指出禱告組「較少出現鬱血性心臟衰竭，利尿劑與抗生素治療的需求較低，肺炎發作次數較低，較少出現心跳停止的情況，需要插管的頻率也比較低……」因此，「整體而言，禱告組的結果較佳……根據實驗數據，禱告似乎有作用，而且是正面的作用。」

然而有些人質疑研究結果，因為在30種症狀中，僅其中6種真正展現出好轉的跡象。一位評論者把伯德的實驗結果與「神槍手謬誤」（sharpshooter fallacy）類比，指他的研究是「在茫茫數據中尋找想要的結果，找到之後再把靶心畫上去。」

住院治療情況		
分數	禱告組 （192人）	控制組 （201人）
良好	163	147
中等	2	10
不良	27	44

後來，也有許多研究試圖重現伯德的實驗結果，但不是證據薄弱，就是根本得不到證據。2006年，赫伯特・本森（Herbert Benson）針對1802名接受心臟冠狀動脈血管繞道手術的病患，進行規模龐大的STEP研究（代禱治療效應研究）。

他把病患分成三組。實驗者告知A組（604人）的病患，可能有人會幫他們禱告，也可能沒有；然而實際上有。對B組（597人）也是告知可能有人會幫他們禱告，但實際上沒有。C組（601人）的病患則被告知有人會幫他們禱告，而且實際上也有。禱告在手術前一天開始，持續14天。

本森發現，在手術後一個月，各組發生重大併發症或死亡的人數比例是A組52%，B組51%，C組59%。也就是說，得知有人為自己禱告的組別，結果比另外兩組更糟。或許這是受到「表現焦慮」（performance anxiety）效應的影響，也就是想到自己可能辜負禱告的效果，而產生嚴重焦慮。

你對臉孔過目不忘嗎？

中風後的臉盲症

你能想像自己認得出羊的臉，卻認不出人臉嗎？中風之後，有的患者出現臉孔失認症（prosopagnosia）的現象（又稱「臉盲症」），無法辨識其他人的臉。也有少數人一生都為臉盲症所苦，始終難以辨識臉孔。

這種辨識困難的情況有時會擴及其他方面。有一名罹患臉孔失認症的賞鳥愛好者，再也認不出鳥的種類；有一名農夫無法辨認自己的牛；還有另一名農夫認得他的牛和狗，卻無法辨認人臉等等。麥克奈爾和華靈頓研究的一名患者名叫W. J.，他經歷了一連串中風之後，罹患嚴重的臉孔失認症，沒有辦法辨識人的臉孔。

她們對他進行測試，在12個知名人物的臉孔中，即使W. J.非常努力辨識，依然只能勉強認出其中兩個。他無法判斷圖片中人臉的年齡、性別或表情。但另一方面，在辨認知名建築、狗的品種、汽車廠牌和花朵時，他的正確率高達95%。

W. J.還聲稱，他認得出自己養的羊的臉。

賽巴斯汀

醃黃瓜先生

淑女

1993年

學者：
珍・E.麥克奈爾（Jane E. McNeil）、伊莉莎白・K.華靈頓（Elizabeth K. Warrington）
學科領域：
社會心理學
結論：
有時候認羊還比認人容易。

如何辨認羊的臉？

　　他養一群羊已經兩年了，牠們耳朵上都有編號標籤。為了印證他的說法，實驗者把其中16頭羊的臉部特寫照片（每張都沒有拍到耳標）拿給他看。他認出了8頭，但在他認不出來的羊裡面，顯然有幾頭他知道誰是誰，比如他會說：「我認得這頭羊，牠去年才剛生了三頭小羊，但我忘了牠的編號。」很明顯他辨識羊臉的能力高於辨識人臉。

　　為了避免記不住編號的干擾，研究者設計出另一項辨識測驗。她們把八張羊臉照片以每三秒一張的間隔展示給W. J.看，只問他這些羊的表情是否是快樂的。接著她們把這八張照片和另外八頭羊的臉部照片放在一起，以隨機的順序展示，每一張都請他回答圖中的羊是不是前一次測驗中出現過的。實驗者也對另外兩名擁有羊群的人，以及五名農夫進行相同測驗；這些受試者都表示，全部的羊看起來都很像，要辨識實在太困難了。

　　W. J.對辨識人臉一籌莫展。他很可能全程都是用猜的，因為他答對的比率是50%，和全憑機率猜中的成績相仿。然而，他辨識羊臉的能力明顯比其他人高出一截。

　　在進一步的測驗中，研究者重複了上述流程，但這一次使用不同品種的羊，也是W. J.不熟悉的品種。測驗結果與前次相似，只是成績沒有那麼驚人。

	W.J.	農夫	羊群飼主
	辨識精確度（百分比）		
熟悉的羊	87	66	59
不熟悉的羊	81	69	63
人臉	50	89	100

研究者又做了另一項試驗。她們展示六張W. J.不熟悉品種的羊臉照片，並幫這些羊各自取了一個合理的名字，接著以隨機的順序展示這些圖片，請受試者在照片出現時回答那頭羊的名字。然後再用六張人臉照片和名字進行了相同的實驗。再一次，W. J.在人臉的辨識上表現不佳，但辨識羊臉的表現則優於控制組。

	W.J.	農夫	羊群飼主
辨識精確度（百分比）			
人臉	23	71	78
羊	57	41	55

　　W. J.的案例令研究者費解。他在中風後才買下羊群，這代表在學會辨識羊臉的時候，他已經無法辨識人臉了。她們對他如何辦到這一點做了以下的探討：

> 他有可能自行建構出一種羊的「原型」（prototype），使他能夠有效地對羊的臉部特徵進行編碼。然而令人詫異的是，他的這種能力似乎可以推及外型差異甚大的其他品種的羊。或許更引人注目的發現是，W.J.的臉孔失認症完全沒有起色；他在羊身上所使用的辨識策略與方法，似乎無法運用在人臉上。

1994年

學者：
內文·戴瑞·J.貝姆（Daryl
J. Bem）、查爾斯·何諾頓
（Charles Honorton）
學科領域：
知覺
結論：
何諾頓的實驗顯示，讀心術
可能真的存在；但至今無人
能夠重現他的實驗結果。

超感知覺存在嗎？

尋找超感官知覺的證據

戴瑞·J.貝姆與查爾斯·何諾頓知道，他們這項研究是一場艱苦的戰鬥。學界大多數的心理學家根本不認為有超自然現象這種東西。即使相信的人，也不知道超感官知覺是怎麼運作的。

超感官知覺

第一項認真探討超感官知覺（ESP）的研究，是1930年代J. B.萊茵（J. B. Rhine）和妻子露薏莎（Louisa）在北卡羅萊納州杜克大學進行的實驗。萊茵夫婦運用同事卡爾·齊納（Karl　Zener）設計的特殊紙牌，調查各種看似明顯的超自然現象。

這副牌有25張卡，每一種類型的卡各五張。完成洗牌、切牌的程序後，受試者要猜測接下來要發的是哪一張牌。若完全依照機率來看，正確率應該是平均每五張會猜中一張，也就是20％。有些受試者的成績遠高於這個數字，但這種實驗結果不但難以重現，也有「感官洩露」（sensory leakage；即實驗者偶然間洩露答案）甚至作弊的疑慮。不過萊茵還是在1934年出版了《超感官知覺》（Extra-Sensory Perception）這本書，這就是ESP這個名詞的由來。

完場與自動完場

貝姆與何諾頓的原始計畫是讓「傳送者」在觀看一段「目標」短片之後，嘗試把片中的概念和影像傳送給「接收

者」。傳送者和接收者都處在隔離狀態，彼此不可能透過任何方式接觸。

半小時後，實驗者進入接收者的房間，播放四段短片；接收者必須根據前半個小時內接收到的概念與影像，猜出目標是哪一部。

有人認為，精神活動在放鬆和冥想的狀態下比較有可能發生；因此何諾頓設計出一種方式，稱為「甘茲菲爾德」（Ganzfeld，即德文「完場」的意思）。接收者舒適地躺在躺椅上，透過耳機聽取白噪音（white noise），例如岸邊的海浪聲。兩眼各用半顆乒乓球罩住，打上溫暖的紅光。這種環境是為了讓接收者處於收訊的理想狀態，以接收傳送者傳來的訊息——可能是「心電感應」（telepathy）的訊息，或是經由超感視覺（clairvoyance）直接看見短片。

在傳送者發送訊息的同時，接收者要持續描述當下出現的概念和影像；整段過程全都會被錄下來，供後續分析。

原始的完場實驗飽受爭議，許多人質疑這項實驗有感官洩露或作弊的可能性。於是何諾頓設計了精細的「自動完場」（autoganzfeld）實驗，採用電腦自動化程序，試圖消除外界疑慮。他用電腦從80段影片中選出一段，重複播放給傳送者看。

在測試尾聲時，實驗者會把乒乓球拿下來，關掉紅光和白噪音，打開一部電視機，以隨機的順序播放電腦選取的三段影片和傳送者觀看的影片，讓接收者猜測哪一段是「目標」影片。影片不限觀看次數，也可以任意調整對影片的評

級；最終的答案會存入電腦，然後傳送者進入房間內，一起討論結果。和接收者坐在一起的實驗者，直到這時候才會得知「目標」是哪一段影片。何諾頓認為這麼精巧的預防措施，已排除任何感官洩露或作弊的機會。

實驗結果

實驗中共有四段影片，任何一段都可能是「目標」；如果純靠機率，受試者答對的比率應該是四分之一。因此，如果分數顯著高於25%，或許就可以作為靈異現象（psychic phenomena）的證據。

這項大型實驗共有240名參與者，多數都對ESP的存在深信不疑。他們參與了329次試驗，答對了106次，正確率32%——遠高於預期中的25%。

同時，為了探討藝術天賦較高的人是否比一般人更適合進行精神溝通，研究者從茱莉亞學院招募了十名男學生、十名女學生，其中包括八個音樂生、十個戲劇生和兩名舞蹈生。他們每個人都接受了一次試驗，正確率達到驚人的50%。

結論

貝姆與何諾頓認為，他們的實驗是史上首度以科學的方式證實了ESP的存在。他們的論文也是最早通過主流心理學期刊的審核而發表的超自然領域論文之一。

然而可惜的是，在這項研究有機會被重複驗證以前，何諾頓的研究室就因經費不足而關閉，他本人也在論文通過審核前九天過世。在此之後，其他人的實驗都無法得到這麼正面的結果。

為什麼你常常
看不出哪裡不一樣？

奇特的改變視盲現象

1995年

學者：
丹尼爾·J.西蒙斯（Daniel
J. Simons）、丹尼爾·T.
雷文（Daniel T. Levin）
學科領域：
知覺
結論：
我們有時候會對近在眼前
的東西視而不見。

有時候只要一點輕微的干擾，就能使人察覺不到眼前景象的重大變化。英國心理學家蘇珊·布萊克莫爾和同事在1995年首度提出「改變視盲」（change blindness）的概念，他們的實驗顯示當你輪流看著場景幾乎一模一樣的兩張圖片時，很難注意到有什麼明顯的改變，不論兩者之間是用閃現畫格或空白畫格隔開，還是出現在螢幕上稍微不同的位置等。這些實驗都是用平面圖來進行。

之後在同一年，美國實驗心理學家西蒙斯和雷文想要以三維的短片來做相同的實驗。影片中，一名演員走進空蕩蕩的教室裡，在椅子上坐下來。影片在動作進行中切換成特寫，由另一名演員完成後半部的動作。儘管兩名演員外型差異非常明顯，但在40名受試者中，只有33%表示注意到這個改變。

在現實生活中實驗

西蒙斯和雷文決定把實驗拿到現實生活中進行，測試受試者在與實驗者實際互動的情況下，改變視盲是否依然會發生。

一名實驗者在康乃爾大學校園裡拿著地圖等待機會，然後靠近某個毫不知情的路人，詢問往圖書館的方向。在兩人交談10到15秒左右時，另外兩名實驗者會抬著一扇門

沿著人行道走過來，粗魯地從兩人之間穿過去。

當那扇門通過時，原先問路的實驗者接手抬著門板，繼續往前走；原本抬著門的其中一名實驗者則留下來，繼續問路。

第二名實驗者手上拿著相同的地圖，但身上穿的衣服和第一個實驗者完全不一樣。問路結束後，他對受試者說：「我們在做一項心理學實驗……研究大家在現實生活中會把注意力擺在哪些事物上。一分鐘前那扇門經過的時候，你有注意到什麼不尋常的地方嗎？」

如果受試者沒有發現變化，實驗者會直接問：「你有注意到，我不是一開始向你問路的那個人嗎？」

實驗中一共對15名路人進行測試，男女都有，年齡從20歲到65歲之間。受試者被問到有沒有發現哪裡不尋常時，多半回答「抬著門的人很沒禮貌」；而其中八個人（超過半數）都沒有發現問路的人已經換了。他們只是繼續對話，並在事後得知兩人其實不是同一個人時，感到非常驚訝。

有趣的是，發現改變的受試者全都落在和實驗者相同

的年齡段（20歲到30歲）；較年長的受試者比較不會注意到變化。研究者推測，這種情況是因為年輕的路人在遇到同齡人（即「內團體」（in-group））時，比較會注意對方的特徵。

實驗二

為了檢驗這個觀點，研究者再次對不知情的路人進行相同實驗，但這一次選在附近有建築工地的地方，裝扮成工人，但實驗者彼此的衣著仍有顯著的不同。

他們只選擇年輕（20歲到30歲）路人作為受試者。這一次，在12名受試者中，僅4人發現了變化。

儘管中途調換的兩名實驗者身上衣著明顯不同，但路人很可能只將他們視為「建築工人」，即屬於「外團體」（out-group），因此不值得仔細觀察。研究者寫到：「一位受試者表示，她看見的只是一名建築工人，而沒有特別去辨識他的個人特徵……儘管在當下，實驗者是注意力的焦點，但她沒有把視覺上的細節編碼，和眼前的東西比對，反而只是建構出該類型的代表而已。」

西蒙斯和雷文指出，他們的實驗是以洛夫托斯（見第119頁）和巴特萊特（第34頁）的研究為基礎，但更進一步揭露，即使與對方有互動、交流，且改變的是場景中的注意力焦點，受試者還是往往看不見變化的發生。在聽說了這項實驗結果後，50位基礎心理學學生全都堅持自己一定看得出人已經換了。這種錯誤的自信，被稱為「改變視盲之盲誤」（change-blindness blindness）。

我們理所當然認為自己不會被這種方式愚弄——但事實往往相反。這項實驗以及其他相關研究不禁令人深思：究竟周遭發生了多少事情，是我們從來沒有注意到的？

1998年

學者：
馬切羅・康士坦丁尼
（Marcello Costantini）、
派崔克・哈格德（Patrick Haggard）

學科領域：
知覺

結論：
有時候我們對自己的身體會產生錯誤的知覺。

這是你的手嗎？

橡膠手錯覺

　　把一隻手放在面前的桌子上，再把一隻假手（可以用充氣的橡膠手套）以相同的方向放在旁邊。然後把你的手遮起來，請另一個人以同樣的方式，同時撫摸你的手和橡膠手，可能到了某一刻你會突然覺得，那隻橡膠手是你的手。這種錯覺是匹茲堡大學的兩名精神病學家馬修・波特維尼克（Matthew Botvinick）及強納森・科漢（Jonathan Cohen）於1998年首度提出。

　　我們都能夠感覺到、看到自己的身體，並擁有身體歸屬感（sense of body ownership）。心理學家談論過「身體圖式」（body schema）與「身體意象」（body image）的概念，身體圖式指的是人對自己的身體有一種基礎模型的理解，即使閉著眼睛也能感受到，讓我們走動時不會撞來撞去，因為我們知道自己的肢體在哪裡。這屬於「本體感覺」（proprioception）的範疇。

　　身體意象則是指人對自己身體的意識觀，例如身體的外型。身體意象與身體圖式共同作用，構成具有一致性的自我意識的基礎。

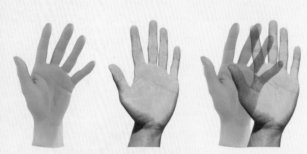

　　美國學者馬切羅・康士坦丁尼和派崔克・哈格德想進一步探究這個概念，了解我們對自己身體的感受究竟主要來自內在（身體圖式）還是外在（身體意象）？

實驗

受試者坐在桌子旁，手臂向前伸出，手掌朝下平放在桌面上（共有13名男性、13名女性參與實驗，平均年齡28歲）。她看得見橡膠假手，但看不見自己的手。橡膠手擺放的位置與她的真手齊平，兩者距離30公分。

兩支1公釐的畫筆透過電腦控制，完全同步地刷在受試者的手和假手的同一個位置上。受試者能夠看見、也感受得到畫筆的動作；這種視覺和觸覺的衝突訊號，往往使受試者感到困惑，並且會覺得橡膠手「感覺就像是我的手」。

這種情況造成的後果之一，是受試者會認為在她視線之外的真手與橡膠假手之間的距離，比實際上更近。這種現象稱為「本體感覺偏移」（proprioceptive drift）；雖然看不見，但「本體感覺」讓她覺得自己知道手的位置──這屬於身體圖式的概念。實驗要求受試者估計自己感覺的真手和橡膠手間的距離，作為實驗者衡量錯覺強度的依據。在最明顯的例子中，受試者預測的距離比實際距離近了5公分以上，這就是本體感覺偏移的量。

研究者想試試看改變畫筆撫觸的角度和手擺放的角度，會產生什麼結果。他們把受試者分成兩組。一開始先把橡膠手與真手齊平擺放，並從手背上方同步向下輕撫到中指的位置──這是基準條件。

對其中一組受試者，研究者操控了真手的實驗條件，對另一組則操控橡膠手的實驗條件。他們預期第二組的錯覺會消失得比較快，因為直接透過視覺很容易察覺到角度的變化，但靠本體感覺則較難發現。

對第一組的操控方式，首先是改變畫筆撫觸真手的角度。接著把真手轉一個角度，同時也改變畫筆撫觸的方向，使角度保持在原先的相對位置，即「以手為中心的空間」。

最後一種是同樣旋轉真手的角度，但畫筆撫觸的方向不變，維持在基準條件的狀態。當受試者在以手為中心的空間感覺到撫觸，會導致錯配（mismatch）的心理；但如果受試者是在外部的自我中心（egocentric）空間感覺到撫觸，則不會出現這種情況。

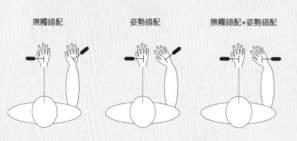

撫觸錯配　　　　　姿勢錯配　　　　撫觸錯配+姿勢錯配

維持錯覺

在本體感覺組（即轉動真手的組別），錯覺在角度旋轉10度時稍微有所變化，到了20度、30度有更顯著的改變。而在視覺組別（即轉動橡膠手的組別），僅10度的錯配就會使錯覺完全消失。也就是說，改變假手的角度（受試者能夠看見的部分），造成的效果遠大於改變真手位置的影響。

如上圖左，相對於受試者本人和手兩者，都只有畫筆動作的角度偏移。中間的圖則是相對受試者本人而言，手和畫筆動作都偏移了，但畫筆動作和手的相對角度則維持一致。上圖右，手部位置偏移，但畫筆動作的角度相對於手是偏移的，但相對於受試者本人則維持一致。

在橡膠手錯覺中，上述第三種情況會帶來最劇烈的變化，因此研究者認為，撫觸的感覺是存在以手為中心的空間。

研究者得到的結論是，「大腦會維持一種內部的身體表徵（body representation），有自成一格的特殊自我空間組織，建立在本體感覺的基礎上。這種表徵會以身體受到刺激的部位為基礎建立參考架構。」換句話說，當你的手接受撫觸時，你接收到的感覺是存在於以手為中心的空間，而非以身體為中心的空間。

為什麼
自己沒辦法搔自己癢？

癢不癢有關係

我們能夠輕易分辨某個感官感覺是因為自己的動作，還是外在事物所造成；推人和被推，兩者的差異不言自明。研究者推論，我們做某件事時，大腦會把訊息傳遞給肌肉，下達動作指令，同時也會提供「傳出副本」（efference copy）作為一種預警，提醒自己某個動作即將發生，這樣我們看到自己伸出手臂準備推東西的時候，才不會驚訝。要是少了這種預警，我們就會被自己的動作嚇一跳。

你轉動頭部或眼珠去看某個東西的時候，出現預警訊息代表你知道自己要看的東西在哪一個位置。

在雙眼睜開的情況下，用一根手指輕按靠近外眼角的眼皮。從那隻眼睛看出去，會覺得有點天旋地轉。這是因為大腦沒有接收到眼球即將移動的預警，因而無法處理它接收的影像。

所以一般而言，我們的每個動作都是事前計畫過的，並在實際執行動作時獲得進一步的訊息支持，確認動作是會按照計畫進行，還是會在必要時做出調整。這種事前計畫與確認回饋，可以被用來削弱、減輕由動作帶來的感官感覺。

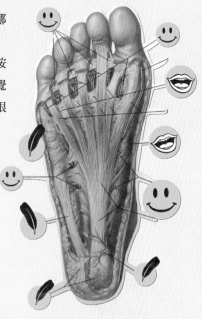

2000年

學者：
莎拉－潔恩・布雷克莫（Sarah-Jayne Blakemore）、丹尼爾・沃伯特（Daniel Wolpert）、克里斯・弗瑞斯（Chris Frith）

學科領域：
神經心理學

結論：
怕癢與精神分裂症之間有驚人的關連性。

對自己搔癢

對自己搔癢通常沒什麼用。你還是能感覺得到這個動作，但就是不覺得癢。研究者指出，因為事前計畫不但警告你即將有輕柔的動作要作用在你的皮膚上，也告訴你動作發生的確切位置和時間——這會自動減弱動作引發的感官感覺。

為了證實這個假說，研究者找來16名受試者，請他們伸出右手接受搔癢，並為癢的程度評分。用來搔癢的器具是一塊柔軟的海綿，連接在機器手臂上，以每秒兩次的速度，在掌心上畫1.5公分大小的8字形。

一開始，所有的動作都由機器控制，受試者覺得很癢——癢度評分為3.5。接著讓受試者自己操控海綿；他們用左手移動旋鈕控制另外一隻機器手臂，把動作傳給第一隻機器手臂，因此搔癢的動作完全是受試者自己控制的。

這個實驗高明之處在於，能讓研究者對實驗內容進行調整，例如延遲機器手臂的動作，使它依然做出受試者操控的動作，但反應會晚個幾毫秒；或者稍微改變動作的方向，比如當受試者操控機器手臂以南北向移動時，研究者調整成讓海綿稍微往順時針方向偏，變成東北－西南方向或東西向。

結果

受試者表示搔自己癢（透過機器手臂）的癢度（約2.1）明顯低於被機器手臂搔癢的癢度。但隨著自己搔癢的動作被延遲、轉向，感官感覺也愈來愈強烈。當動作延遲達300毫秒（接近三分之一秒），或者轉了90度，從南北向變成東西向時，搔癢的效果與透過機器幾

乎完全一樣。這個結果強烈支持研究者的理論，也就是當你想要搔自己癢時，對自我動作的預警會削弱感官感覺。在沒有延遲或轉向的情況下，癢度會降低近50%；但延遲或轉向的程度愈高，預警的準確度就愈低，所以會覺得更癢。

與精神分裂症的關聯性

　　缺乏這種事前計畫與確認的能力，可能牽涉到精神分裂症。精神分裂症的常見症狀之一是幻聽；這可能是腦中出現聲音或想法，卻沒有產生預警訊息所導致的現象。另一種常見症狀叫做「被動體驗現象」（passivity phenomena）。舉例來說，精神分裂症患者可能覺得自己的某些行為並非本意，而是他人造成的：「我的手指撿起了那支筆，但不是我控制的。它的動作跟我一點關係也沒有。」這可能也是缺乏預警訊息時的感覺。

　　會不會怕癢與精神分裂症之間真的有關聯？為了探討這一點，研究者對精神分裂症患者、躁鬱症患者和憂鬱症患者進行搔癢測試，把所有人分成兩組。A組中的15名患者全都有聽幻覺（幻聽）及／或被動體驗的症狀；B組中的23名患者沒有上述症狀。另外也設置C組，是15名非患者。

　　所有受試者都伸出右手，由實驗者對掌心搔癢，或者由受試者的另一隻手給自己搔癢。B、C兩組的所有人都表示，自己搔癢時感覺強度弱得多，比較不癢、不好玩。但A組的患者則說，無論搔癢的動作是由實驗者來做，還是自己進行，效果都是一樣的。

　　這樣的結果暗示了幻聽與被動體驗的症狀，很可能真的與缺乏動作預警有密切關連。

2001年

學者：
V. S.拉馬錢德蘭（V. S. Ramachandran）、E. H.哈巴德（E. H. Hubbard）

學科領域：
知覺

結論：
對某些人而言，所有感官感覺都是相連的。

數字7是什麼味道？

聯覺的奇特效應

有一小部分的人（可能是千分之一）會經歷非常奇特的感覺混雜：他們可以把數字聽成獨特的曲調，嚐到字母的味道，或是把一週七天看成不同的色彩。這種現象稱為「聯覺」（synesthesia），多數是遺傳性的，更常見於女性、左撇子、藝術家和詩人身上。

現實還是想像？

法蘭西斯·高爾頓在1880年首先描述了聯覺的症狀，但之後超過一世紀，科學家都拒絕認真看待這個概念，基於各種理由：

1. 「聯覺者」只是瘋了。所謂聯覺現象只不過是過度活躍的想像力罷了。

2. 他們只是回想起童年的記憶，例如在書裡看見的彩色數字，或拿彩色的冰箱磁鐵玩遊戲等等。

3. 他們只是用模糊或隱喻式的語言說話，就像我們也會說「苦寒的天氣」或「風味尖銳的乳酪」。

4. 他們是毒蟲，或是嗑了藥的癮君子。這種想法並不算全然荒謬；吸食LSD迷幻藥的人就時常表示自己有聯覺的症狀，無論是吸食時還是藥效消失後很久都會發生。

拉馬錢德蘭（後文簡稱拉馬）和哈巴德比較認真看待聯覺者的說法，決定進一步研究。他們用了一些精妙的實驗，探討聯覺是否仰賴視覺系統，而非想像或記憶。以下介紹其中兩個實驗：

聯覺者眼中的世界

　　他們把許多方方正正的數字2和5給受試者看，如右圖。你找得到圖中由2構成的三角形嗎？

　　如果你不是聯覺者，可能需要幾秒鐘才能找到三角形；但如果數字2和5以不同顏色呈現（見下頁圖），那麼這個三角形應該會立刻跳出來。聯覺者看到的結果就是這樣；這是他們無法作假的。

　　根據聯覺者的說法，如果數字或字母以「錯誤」的顏色呈現，看起來就會很醜。「而且他們往往還會說出他們在現實世界中看不到的『奇特』顏色，只有在和數字連結時看得見。最近我們甚至見到一名色盲受試者，他只有在面對數字時，可以看見特定的色彩。」

　　研究者表示，人類和猴子腦部處理色彩的地方都在梭狀回（fusiform gyrus）這個區域，恰好位在負責處理字母、數字訊息的區域旁邊。聯覺最常見的形式，就是把數字和字母看成顏色。研究者因此主張，聯覺是大腦在進行兩種處理程序時發生「線路叉接」（cross-wiring）而引起的。

　　他們更進一步提出，由於聯覺往往是家族遺傳，所以「只要單一基因突變，就會導致交叉連接過量，或者造成不同腦區之間的連結受到不當修剪（pruning）。結果，每一次有代表數字的神經元活化，就可能使相對應的色彩神經元也同時活化。」

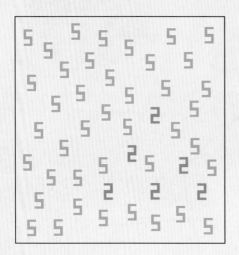

由上而下的影響

拉馬與哈巴德把羅馬數字IV展示給聯覺者看；他們看見的是字母I和V的顏色，而非數字4的顏色。

綜合這些觀察可以推測，透過由上而下的影響，可以對聯覺進行調變；顯然在色彩出現之前還要經過某些處理程序。

結論

在這份篇幅可觀、又充滿推測性質的論文結尾，拉馬及哈巴德寫道：

一直以來，聯覺都被視為一種令人毛骨悚然的現象。即使聯覺的發現已經超過百年，今天大家往往還是把它當成異象看待……我們的心理物理學實驗首度證實了聯覺是一種真實的感官現象。

他們推測，研究聯覺能幫助我們了解隱喻和創造力在神經學上的基礎：

使梭狀回發生線路叉接的基因突變，如果在很多地方都表現出來的話，或許也會導致腦部出現更大範圍的線路叉接情況。〔這可以〕說明為什麼藝術家、詩人、小說家有聯覺的比例較高（這些人的腦可能有較多的線路叉接，讓他們更有機會想到隱喻）。

最後，他們還提出一種關於語言起源的創新聯覺理論。

靈魂出竅
是無稽之談嗎？

靈體投射的科學事實

2007年

學者：
比格娜・倫根哈格（Bigna Lenggenhager）、泰傑・塔迪（Tej Tadi）、湯瑪斯・梅辛格（Thomas Metzinger）、歐拉夫・布蘭克（Olaf Blanke）

學科領域：
知覺

結論：
沒有確定證據能證明靈魂出竅現象的存在。

　　看起來可能有十分之一的人一生中至少經歷過一次靈魂出竅（out-of-body experience；OBE）。在典型的OBE中，經歷者感覺到的是自己離開身體，能從體外的角度觀察世界——往往是從靠近天花板的位置往下看。OBE可能是瀕死經驗中最戲劇化的部分，例如經歷心臟病發作的患者說自己看見醫護人員對他進行急救。但OBE在健康的人身上常見得多，往往發生在深度放鬆和半夢半醒、即將入眠的時刻；偶爾也會發生在令人害怕、緊張的情境，比如公開演講或上臺表演等。甚至有一名女性表示在考駕照時經歷了OBE，但她還是繼續完成了考試。

　　OBE出現時有些人會非常驚恐，深怕自己的靈魂無法回到身體裡。但要維持靈魂出竅的狀態其實困難得多；多數OBE都只持續幾秒鐘或幾分鐘而已。也有人非常著迷於這種體驗，想盡辦法誘發它，例如在入睡前讓自己陷入催眠狀態，或者服用會帶來相似效果的藥物如K他命。

　　據說美國發明家愛迪生遇到難以解決的發明難題時，會故意讓自己陷入這種催眠狀態。他坐在椅子上，拿著桶子，把一枚銀幣放在頭上。等到他打瞌睡，錢幣就會掉進桶子裡，在身體睡著的情況下喚醒他的意識。OBE研究先驅希文・穆頓（Sylvan Muldoon）會在睡覺時把前臂垂直上舉，保持這個姿勢入睡，希望等到睡著、手臂落下時，能進入OBE中。

這是心理現象還是超自然現象？

關於OBE，最重要的問題就是在體驗過程中，是否真的有什麼東西離開了身體。許多不同文化的民族，都有靈魂、精神是獨立於肉體之外，甚至在人死後依然存在的說法。其中一種理論是「靈體投射」（astral projection），主張我們可能有精微體（subtle bodies），其中一個是靈體（astral body），可超越、離開肉體，投射到星界位面（astral plane）上。然而並沒有可靠的證據能證實靈體或星界位面的存在。另外，也有許多經歷過OBE的人，聲稱能夠看見遠方，但這一點也缺乏實證支持。

2002年，一名瑞士的神經外科醫師發現了腦中可引發OBE的位置；這項發現，使OBE的相關科學研究突然蓬勃展開。其中有的涉及腦研究，有的則運用虛擬實境，如蘇黎世的比格娜・倫根哈格和同事所設計的實驗。他們透過橡膠手錯覺（見第160頁）的延伸應用，亦即在視覺壓制本體感覺的情況下，嘗試以人為方式引發OBE。為了辦到這一點，他們邀請受試者進入虛擬實境的世界。

實驗A

受試者戴上頭戴式顯示器（HMD），站在房間中央；受試者背後2公尺處有一部攝影機架設在三腳架上，把受試者的背影傳送到顯示器中。因此在受試者眼裡，自己的立體背影彷彿站在自己前方2公尺處。接著，一名實驗者會輕撫受試者的背，持續一分鐘；受試者會感覺到自己的背部被輕撫，同時又看見自己的背部被輕撫，讓他們相信前方2公尺的那個人，真的是他們自己。當現實與虛擬實境的輕撫動作不同步時，這個效應會明顯降低。

在輕撫動作結束後，立即蒙上受試者的眼睛，請他們回到原始的位置。正如預測的那樣，受試者選擇向前移動──

也就是朝向虛擬實境中那個身影的方向。當輕撫動作同步時，這種「本體感覺偏移」的大小平均是24公分；不同步時，得到的結果僅上述的一半。

實驗B和C

接下來，實驗者把一個假人放在鏡頭前，並引導受試者往旁邊移動2公尺站著。然後實驗者輕撫受試者和假人的背。此時受試者看見的畫面，是假人的身影站在前方2公尺處，且背部被輕撫，動作與自己背部的感覺一模一樣。假設雙方的輕撫動作完全同步，會使受試者認為他們看見的是自己，就像先前真正看到自己的身體一樣。而且，蒙上雙眼時，他們也同樣向前走，展現出同樣、甚至更大的本體感覺偏移幅度。

然而，若以一個箱子來取代假人，受試者就不再會把箱子認作自己的身體，因此幾乎沒有出現任何本體感覺偏移。

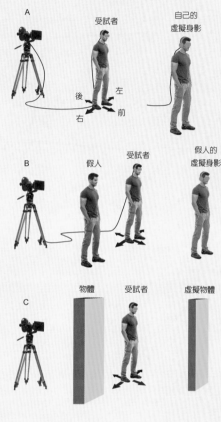

結論

研究者寫道：「這種認定自己的位置在身體之外的虛幻式自我定位，顯示出對身體的自我意識（bodily self-consciousness）以及自我（selfhood）都可能和實際的肉體位置切割開來。」

然而另一方面，研究者也承認，因為受試者並沒有靈魂脫離肉體的感受，也維持了原本的視角（相對於靈魂出竅現象中從上往下看的視角），因此這項實驗其實僅誘發了典型OBE的一部分而已。

索引

名詞解釋

內在酬賞——由圓滿完成任務而獲得的滿足感以及成就感所得到之酬賞。

內團體——擁有共同利益的一群人構成的小團體。

反射動作——對刺激的直覺反應。

心智理論（TOM）——理解他人擁有與自己不同的信念的能力。

外在酬賞——在完成任務後可得到的預期獎勵；外在酬賞無法帶來更大的滿足感。

外團體——自己不屬於其中一員的團體。

本體感覺偏移——感覺到自己的身體或身體部分移動了，或者處於錯誤的位置。

本體感覺——對自己身體各部分的位置與動作的感覺。

完形（格式塔）——整體大於部分之和的概念。

改變視盲——指人未能注意到場景發生變化的現象。

胼胝體——連接左右腦半球，並在其間傳遞訊息的神經纖維。

動覺——感覺四肢與身體動作的能力。

基模——組織各類型的訊息及其彼此之間關係的想法、行為或經驗模式。

捷思法——一種解決問題的捷徑，常忽略部分資訊，而無法得到正確或最佳的解答。

連鎖——增強一系列的獨立反應，以建立較複雜的行為模式。

腦波圖——簡稱EEG，透過頭皮記錄下來的腦電波活動。

跳視——在不同定點間迅速、短暫的眼球活動。

認知心理學——針對諸如注意力、語言運用、記憶、知覺、創造力、問題解決等心智歷程的研究。

認知失調——因同時出現兩種彼此矛盾的信念，或者遇到與現有信念相衝突的訊息，而導致的心理壓力。

操作制約——透過對某種特定行為的增強與懲罰來學習。

謝誌

　　要決定本書應選錄哪些實驗，真的非常難以取捨，但好幾位心理學家（包括我的妻子蘇・布萊克莫爾）都提供了寶貴意見，另外我也得到一位哲學家、一位律師以及郵差的幫助。然後，最有趣的部分就來了。幾乎每一項實驗我都找到了原始記錄，閱讀第一手資料，這真是一大殊榮。

　　我嘗試以最淺顯易懂的方式來說明各項實驗，盡力避免不必要的術語。有些研究者行文流暢，讀來是種享受；也有的學者寫得艱澀難解。我迴避了技術性的統計數據，但有時候我會說研究者找到了具顯著差異的統計結果，以表明實驗結果不可能是隨機出現的。

　　寫這本書的過程中我一再領悟到才智的重要性。一名優秀的科學家除了專心致志（如達爾文和他的蚯蚓那樣）以外，也需要有才智、創造力和想像力。

　　舉一個近代的例子，賽門・拜倫－科恩的莎莉－安妮實驗設計極為簡單，不需要任何昂貴設備或複雜程序，卻能夠在「心智理論」研究上得到非常發人深省的結果。同樣地，莎拉－潔恩・布雷克莫研究搔癢，結果取得了精神分裂症的重要資訊。

　　在寫這本書的過程中，我不僅學到實驗心理學的知識，對人性也有了更深刻的理解。我從寫這本書得到很多樂趣，希望讀者讀這本書也能得到很多樂趣。

參考文獻

第一部 Darwin, Charles. *The Formation of Vegetable Mould through the Action of Worms, with Observations of their Habits* (London: Murray, 1881).

Stratton, George M. "Some preliminary experiments on vision without inversion of the retinal image." *Psychological Review* 3, no. 6 (1896): 611.

Thorndike, E. L. "Animal intelligence: An experimental study of the associative processes in animals," *Psychological Review: Monograph Supplements*, Jun 1898, 2 (4): i–109.

Pavlov, I. P. "Conditioned Reflexes: an Investigation of the Physiological Activity of the Cerebral Cortex," trans. G. V. Anrep (London: Oxford University Press, 1927).

Perky, Cheves West. "An experimental study of imagination." *The American Journal of Psychology* (1910): 422–452.

第二部 Watson, John B., and Rosalie Rayner. "Conditioned emotional reactions." *Journal of Experimental Psychology* 3, no. 1 (1920): 1.

Zeigarnik, Bluma. "Über das Behalten von erledigten und unerledigten Handlungen," *Psychologische Forschung*, 9 (1927): 1–85.

Bartlett, Frederic C. *Remembering: A Study in Experimental and Social Psychology* (Cambridge: Cambridge University Press, 1932).

Skinner, Burrhus Frederic. *The Behavior of Organisms: An Experimental Analysis* (New York: Appleton-Century, 1938).

Roethlisberger, F. J., and W. J. Dickson. "Management and the worker" (Cambridge MA: Harvard University Press, 1939).

Lewin, Kurt, Ronald Lippitt, and Ralph K. White. "Patterns of aggressive behavior in experimentally created 'social climates'." *The Journal of Social Psychology* 10, no. 2 (1939): 269–299.

第三部 Tolman, Edward C. "Cognitive maps in rats and men." *Psychological Review* 55, no. 4 (1948): 189.

Piaget, Jean. *The origins of intelligence in children*. (New York: International Universities Press, 1952).

Heller, M. F., and M. Bergman. "Tinnitus aurium in normally hearing persons." *Ann Otol Rhinol Laryngol* 62, no. 1 (1953): 73–83.

Festinger, Leon, Henry W. Riecken, and Stanley Schachter. *When Prophecy Fails: A Social and Psychological Study of a Modern Group that Predicted the Destruction of the World* (Minneapolis: University of Minnesota Press, 1956).

Asch, Solomon E. "Studies of independence and conformity: a

minority of one against a unanimous majority." *Psychological Monographs: General and Applied* 70, No. 9, (1956): 1–70.

Harlow, Harry F., and Robert R. Zimmermann. "The development of affectional responses in infant monkeys." *Proceedings of the American Philosophical Society* (1958): 501–509.

Sperling, George. "The information available in brief visual presentations." *Psychological monographs: General and applied* 74, no. 11 (1960): 1.

Bandura, Albert, Dorothea Ross, and Sheila A. Ross. "Transmission of aggression through imitation of aggressive models." *The Journal of Abnormal and Social Psychology* 63, no. 3 (1961): 575.

Sherif, Muzafer, Oliver J Harvey, Jack White, William R. Hood, and Carolyn W. Sherif. *Intergroup Conflict and Cooperation: The Robbers Cave Experiment*, Vol. 10 (Norman, OK: University Book Exchange, 1961).

第四部 Milgram, Stanley. "Behavioral study of obedience." *The Journal of Abnormal and Social Psychology* 67, no. 4 (1963): 371.

Gregory, R. L., and J. G. Wallace. "Recovery from early blindness." *Experimental Psychology Society Monograph* 2 (1963): 65–129.

Hess, Eckhard H. "Attitude and pupil size." *Scientific American*, 212, (1965): 46–54.

Hofling, Charles K., Eveline Brotzman, Sarah Dalrymple, Nancy Graves, and Chester M. Pierce. "An experimental study in nurse-physician relationships." *The Journal of Nervous and Mental Disease* 143, no. 2 (1966): 171–180.

Gazzaniga, Michael S. "The split brain in man." *Scientific American*, 217, no. 2 (1967): 24–29.

Darley, John M., and Bibb Latane. "Bystander intervention in emergencies: diffusion of responsibility." *Journal of Personality and Social Psychology* 8, no. 4 (1968): 377–383.

Rosenthal, Robert, and Lenore Jacobson. "Pygmalion in the classroom." *The Urban Review* 3, no. 1 (1968): 16–20.

Ainsworth, Mary, D. Salter, and Silvia M. Bell. "Attachment, exploration, and separation: Illustrated by the behavior of one-year-olds in a strange situation." *Child Development* (1970): 49–67.

第五部 Zimbardo, Philip. *Stanford prison experiment*. Stanford University, 1971.

Wason, Peter C., and Diana Shapiro. "Natural and contrived experience in a reasoning problem." *The Quarterly Journal of Experimental Psychology* 23, no. 1 (1971): 63–71.

Rosenhan, David L. "On being sane in insane places." *Science* 179, no. 4070 (1973): 250–258.

Lepper, Mark R., David Greene, and Richard E. Nisbett. "Undermining children's intrinsic interest with extrinsic reward: A test of the 'overjustification' hypothesis." *Journal of Personality and Social Psychology* 28, no. 1 (1973): 129.

Loftus, Elizabeth F. "Reconstructing memory: The incredible eyewitness." *Jurimetrics J.* 15 (1974): 188.

Tversky, Amos, and Daniel Kahneman. "Judgment under uncertainty: Heuristics and biases." *Science* 185, no. 4157 (1974): 1124–1131.

Dutton, Donald G., and Arthur P. Aron. "Some evidence for heightened sexual attraction under conditions of high anxiety." *Journal of Personality and Social Psychology* 30, no. 4 (1974): 510.

Miller, William R., and Martin E. Seligman. "Depression and learned helplessness in man." *Journal of Abnormal Psychology* 84, no. 3 (1975): 228.

McGurk, Harry, and John MacDonald. "Hearing lips and seeing voices." *Nature* 264 (1976): 746–748.

Bisiach, Edoardo, and Claudio Luzzatti. "Unilateral neglect of representational space." *Cortex*, 14, No. 1 (1978): 129–133.

第六部 Libet, Benjamin, Curtis A. Gleason, Elwood W. Wright, and Dennis K. Pearl. "Time of conscious intention to act in relation to onset of cerebral activity (readiness-potential)." *Brain* 106, no. 3 (1983): 623–642.

Berry, Dianne C., and Donald E. Broadbent. "On the relationship between task performance and associated verbalizable knowledge." *The Quarterly Journal of Experimental Psychology* 36, no. 2 (1984): 209–231.

Baron-Cohen, Simon, Alan M. Leslie, and Uta Frith. "Does the autistic child have a 'theory of mind'?" *Cognition* 21, no. 1 (1985): 37–46.

Byrd, Randolph C. "Positive therapeutic effects of intercessory prayer in a coronary care unit population." *Southern Medical Journal* 81, no. 7 (1988): 826–829.

McNeil, Jane E., and Elizabeth K. Warrington. "Prosopagnosia: A face-specific disorder." *The Quarterly Journal of Experimental Psychology* 46, no. 1 (1993): 1–10.

Bem, Daryl J., and Charles Honorton. "Does psi exist? Replicable evidence for an anomalous process of information transfer." *Psychological Bulletin* 115, no. 1 (1994): 4–18.

Simons, Daniel J., and Daniel T. Levin. "Failure to detect changes to people during a real-world interaction." *Psychonomic Bulletin & Review* 5, no. 4 (1998): 644–649.

Botvinick, Matthew, and Jonathan Cohen. "Rubber hands 'feel' touch that eyes see." *Nature* 391, no. 6669 (1998): 756–756.

Costantini, Marcello, and Patrick Haggard. "The rubber hand illusion: sensitivity and reference frame for body ownership." *Consciousness and Cognition* 16, no. 2 (2007): 229–240.

Blakemore, Sarah-Jayne, Daniel Wolpert, and Chris Frith. "Why can't you tickle yourself?" *Neuroreport* 11, no. 11 (2000): R11–R16.

Ramachandran, Vilayanur S., and Edward M. Hubbard. "Synaesthesia—a window into perception, thought and language." *Journal of Consciousness Studies* 8, no. 12 (2001): 3–34.

Lenggenhager, Bigna, Tej Tadi, Thomas Metzinger, and Olaf Blanke. "Video ergo sum: manipulating bodily self-consciousness." *Science* 317, no. 5841 (2007): 1096–1099.